井戸尻の縄文土器 ④

曽利遺跡33～80号住居址、立沢・大畑・坂上遺跡出土土器

長野県富士見町井戸尻考古館　編

テクネ

長野県富士見町井戸尻考古館

　八ヶ岳西南麓では縄文時代（約12,000〜2,000年前）の生活文化を伝える遺跡がこれまで多数発掘されてきました。館内には、富士見町内で発掘調査した資料のうち、2,000点余りの土器や石器が年代順に並べられ、その移り変りや用途を知ることができます。また、住居展示や食物・装身具なども併せて展示し、一見すればわかるように工夫されています。また、土器や土偶など図像の解読で明らかになった当時の宗教観や世界観・神話なども意欲的に解説しています。

　館外には、5,300平方メートルの敷地に配石遺構のほか、栽培作物圃場・石器材料岩石園を設け、当時の食生活や農具の究明を行っています。また、史跡井戸尻には復元家屋が建ち、涸れることのない湧水の音に耳を傾けると、しばし縄文の世界に浸ることができます。考古館の隣には、この地域の民俗資料を収集した歴史民俗資料館が併設されています。

- 場所：〒399-0101 長野県諏訪郡富士見町境7053
  - TEL：0266(64)2044　FAX：0266(64)2787
  - E-mail：idojiri@town.fujimi.lg.jp
  - URL　：http://userweb.alles.or.jp/fujimi/idojiri.html
- 開館時間：午前9時〜午後5時(休館日：月曜日・祝日の翌日・年末年始)
- 鉄　道：JR中央本線信濃境駅下車 徒歩15分。
- 自動車：中央自動車道小淵沢ICより信濃境方面へ6Km　約15分。
  - 国道20号線上蔦木信号より信濃境方面へ2Km上る　約5分。

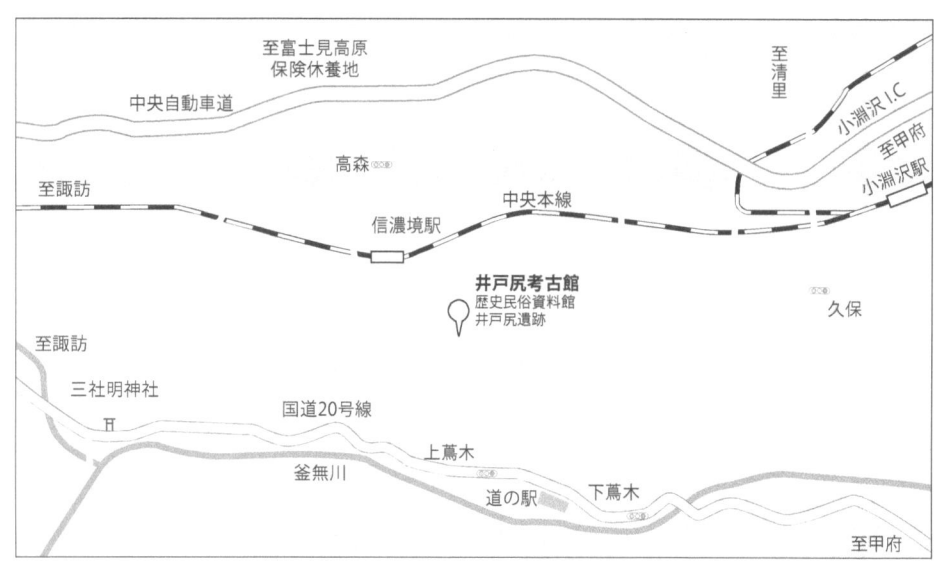

井戸尻の縄文土器 ④　曽利遺跡33〜80号住居址、立沢・大畑・坂上遺跡出土土器
Jomon Potteries in Idojiri ④ Sori Ruins Dwelling Site #33~80, Tatsuzawa, Oubatake, Sakaue Ruins Color Edition

編者：長野県富士見町教育委員会　井戸尻考古館	Edited by Fujimi-cho Board of Education Idojiri Archaeological Museum
初版発行：2015年11月10日	1st Edition: Published on 10 November, 2015
印刷製本：CreateSpace, An Amazon.com Company	Printed by CreateSpace, An Amazon.com Company
発行所：株式会社テクネ	Published by Texnai, Inc.
東京都渋谷区宇田川町2-1	2-1 Udagawa-cho, Shibuya-ku, Tokyo, Japan
Tel: 03-3464-6927　Fax: 03-3476-2372	Tel: 81-3-3464-6927　Fax: 81-3-3476-2372
e-mail:texnai @ texnai.co.jp　http://www.texnai.co.jp/POD/	
© 長野県富士見町教育委員会　井戸尻考古館、2015	© Fujimi-cho Board of Education Idojiri Archaeological Museum, 2015
ISBN 978-4-907162-92-4	

例　言

　井戸尻考古館では、主として縄文土器・土偶に関し、かねてより発掘資料の画像データベース化を進めてきたが、この度、一般向けに遺跡別の図録をオンデマンド出版のかたちで刊行することになった。本書は、その第四巻で、曽利遺跡の内、第33号・35号・39号・40・48・51号・66・76・80号住居址、立沢遺跡第1号・2号、大畑・坂上遺跡出土の主要な縄文土器13点を収録したものである。遺跡ならびに土器の解説については、1978年に刊行した調査報告書『曽利　第三、四、五次発掘調査報告書』および藤森栄一編『井戸尻』、富士見町教育委員会報告書『唐渡宮』、『長野県考古学会誌第3号』から抜粋、若干の編集をほどこして転載した。写真については画像データベース構築の際に撮影した多視点画像のうち、土器ごとに3点を選び、1ページに1点という方針で割り付けた。以下、解説、写真の著作者、表記について記す。

1. 解説執筆者：武藤雄六・宮坂光昭・長崎元広・高林重水・小林公明（以上『曽利』）；宮坂英弌・藤森栄一（『井戸尻』）；小松隆史
2. 実測図作成（『曽利』）
　　遺構製図：功刀彰・小林公明・小林美知子
　　第三次調査土器実測図：武藤雄六・宮坂光昭　　第四・五次調査土器実測図：折井敦　　ID-066 土器実測図：小林美知子
　　土器拓影図：五味一郎
3. 多視点写真撮影：関浩明・平出教枝・鳥居諭・深沢武雄／株式会社テクネ
4. 遺構図ほかの表記法は以下の通りである。
　　1）方位は磁北を指す。　2）水糸高は標高（m）を示す。　3）一点破線は埋められた遺構を示す。
　　4）土器データ最終行のID番号は、井戸尻考古館画像データベースのID番号である。
5. 制作：深沢武雄・平出教枝・鳥居諭（画像処理）・浜崎伸（OCR）／株式会社テクネ

目次

曽利遺跡33〜80号住居址とその出土物について	5
立沢遺跡の発掘とその住居址について	9
大畑遺跡の発掘（第1発掘区）	11
坂上遺跡の発掘（1号小竪穴）	12
図録	
浅鉢（あさばち）	16
蛇文深鉢（じゃもんふかばち）	20
有孔鍔付土器と器台（ゆうこうつばつきどきときだい）	24
四方山形口縁深鉢（しほうやまがたこうえんふかばち）	28
蛇文蒸器形深鉢（じゃもんむしきがたふかばち）	32
浅鉢（あさばち）	36
台付浅鉢（だいつきあさばち）	40
蛙文・みづち文大深鉢（かえるもん・みづちもんおおふかばち）	44
月牙文浅鉢（げつがもんあさばち）	48
蛙文深鉢（かえるもんふかばち）	52
双眼深鉢（そうがんふかばち）	56
猪龍文深鉢（ちょりゅうもんふかばち）	60
始祖女神像（しそめがみぞう）	64

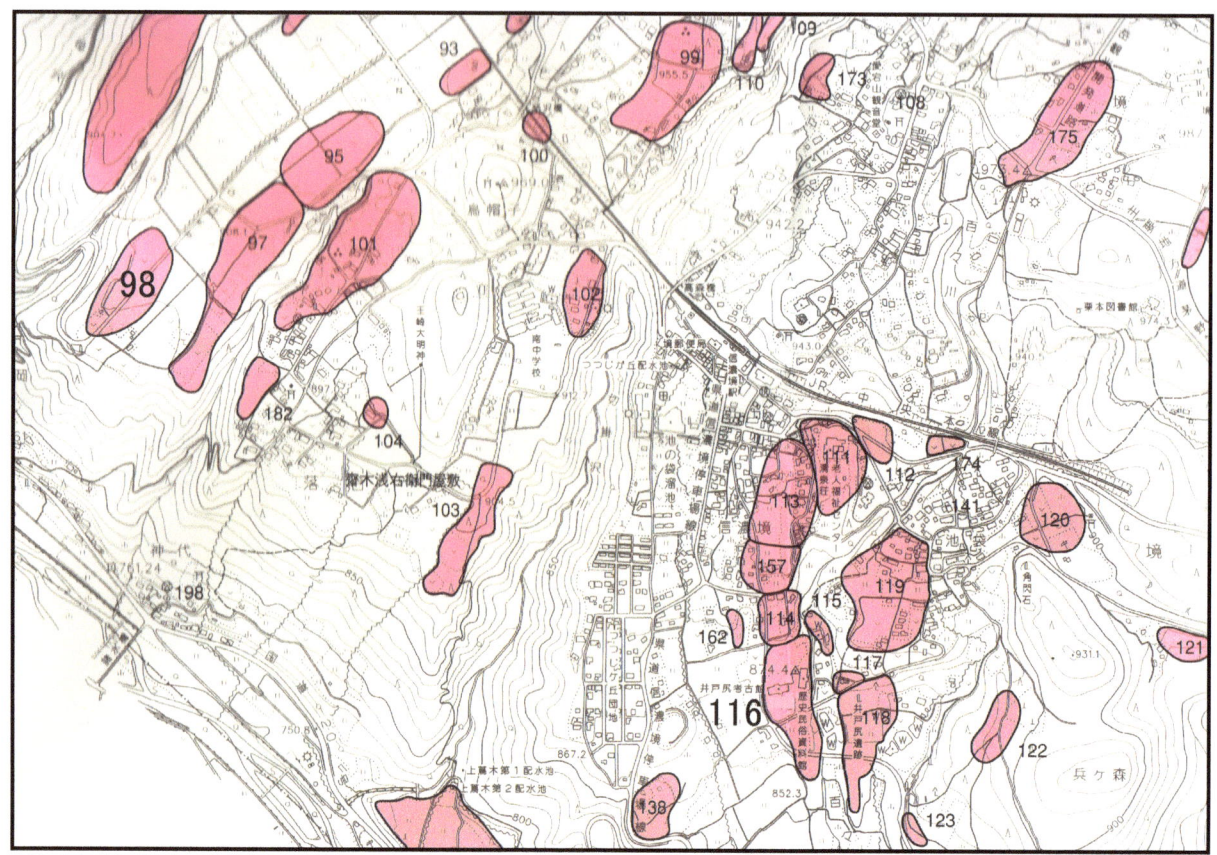

116. 曽利遺跡　　98. 坂上遺跡

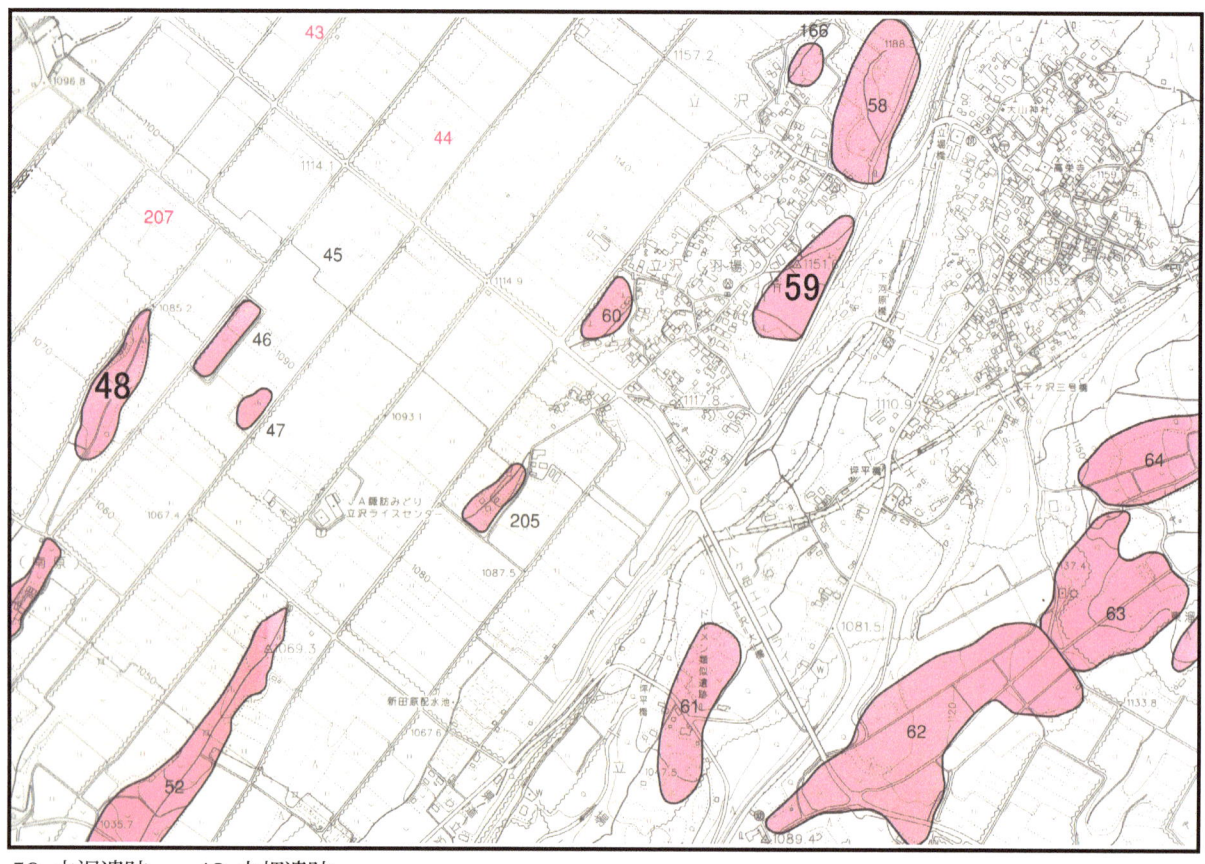

59. 立沢遺跡　　48. 大畑遺跡

曽利遺跡 33 〜 80 号住居址とその出土物について

富士見町教育委員会調査報告書『曽利』(1978) より

第 33 号住居址[*1]

33 号址は 7 区と 8 区にまたがって発見された住居址である。堆土の状態はあまり明確でなかったが、隣接する 26・35・36・27・38 号址の調査によって、その存在がはっきりしたものである。

遺構は、径約 5.5m の円形を示し、南西部を 26・35 号址によって切られ、わずかに残った 36 号址に貼床していた。また、北西部は、38・27 号址によって切り取られ、現状は銀杏葉形に残されていた。側壁は東側だけに認められ、床面は軟弱であった。縁石の抜かれた炉が中央にあるほか所属不明のピットが多い。柱穴は、5 柱穴であろうが歴然としない。また、東隅の土壙には深鉢が、炉の北の土壙には藤内 I 古式の浅鉢が遺存していた。

遺物は、浅鉢と口縁部を欠損した深鉢の 2 点が主なもので、これらと残された土器破片から藤内 I 式でも比較的新しい段階に属する住居址であることが判った。

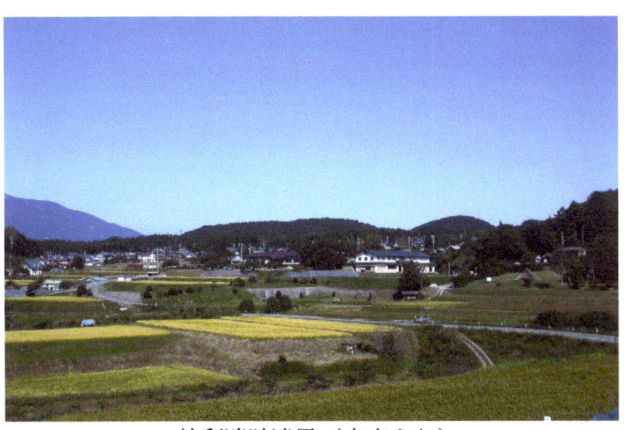

曽利遺跡遠景（南東より）

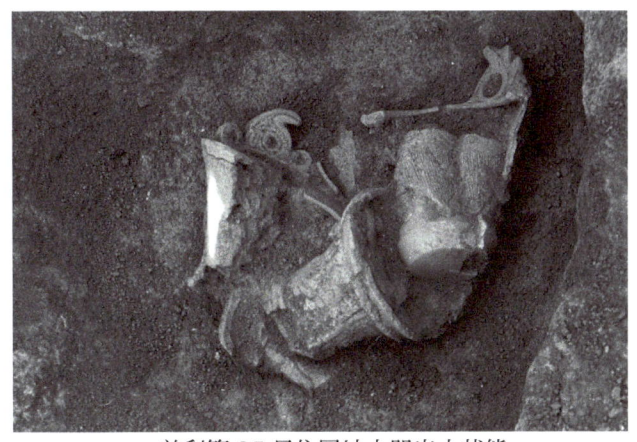

曽利第 35 号住居址土器出土状態

第 35 号住居址[*2]

35 号址は、遺構の中央部を 24 号址に毀され、西南隅の土壙に 4 個の土器が埋込まれていた。この住居址は、24 号址のプランを確認した時点に於て、壁上の周囲に堅いロームの床面が出たので、この面を追究し柱穴・壁などを検出した。さらに、東側で 33 号址の西側の貼床を取去ると新たな床面と壁とが確認され、全貌を確認できた。

住居址は、径 4.5m の円形を示し、5 〜 10cm の側壁がほぼ全周している。床面は堅く中央に向かってやや傾斜している。遺構の中央部を 24 号址に深く掘込まれて床面上の施設としては壁ぎわの柱穴だけであった。柱穴は、P2・P3・P7・P8 の 4 柱穴で、そのうち、P2 からは完形土器が 3 個検出された。蛇文深鉢などこれら 3 個の土器は、いずれも藤内 II 式土器であり、これが、この住居址の帰属を決定づける唯一の材料となった。

---

1 「曽利」(1978, p.23)
2 「曽利」(1978, p.69)

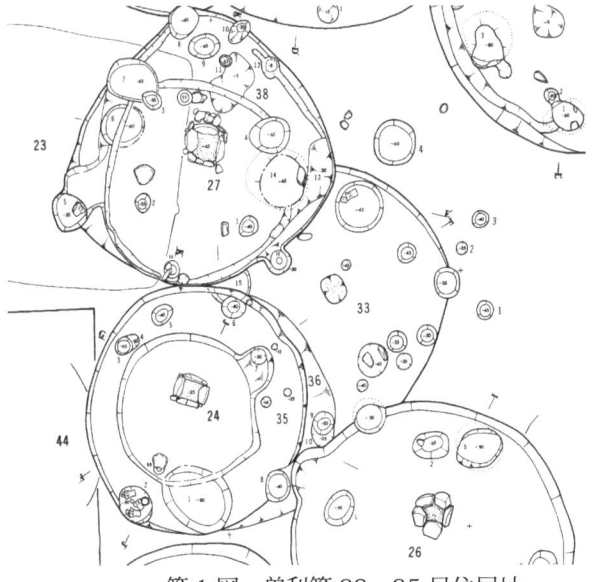

第 1 図　曽利第 33・35 号住居址

第39号住居址[3]

　本址は、25号址の調査の過程で存在が確認された住居址で、25号址の柱穴P6の南に接して柱穴の存在が調査の終る頃になって確認された。この柱穴P3は、25号址構築の際に貼床されていたものである。

　この柱穴P3を掘って調査すると、中に樽形で完形の有孔鍔付土器が遺存していた。そこで、時期を確かめる意味もあって39号址の調査に踏切ったのである。

　遺構は、径5mの正円形で床面は堅く、含炭層が5cmの厚さで認められた。炉は、中央やや西北寄りに床面を浅くくぼめ、その中心に安山岩の角石6個をもって方形に囲った石囲炉であった。この状態は、小形の方形石囲炉から円形石囲へ移行する過程のもので、明らかに藤内Ⅱ式期に典型的なものである。

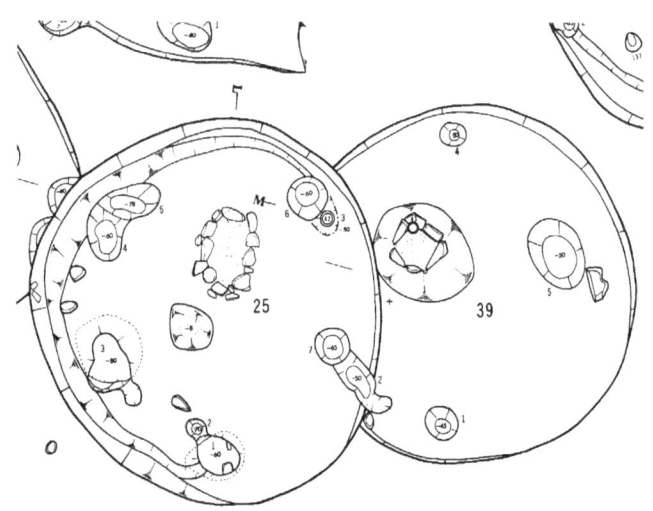

第2図　曽利第25・39号住居址

　柱穴は、P1～P5までの典型的な5柱穴で、その他の遺構は認められなかった。遺物は、前記の有孔鍔付土器のほか、炉址の北隅の縁石の上に完形の器台が置かれていたほかには、わずかの破片と打製石斧・凹石の発見があるだけであった。

第40号住居址[4]

　本址は、収蔵庫の建設用地の調査が一応完了後、敷地の整備中に発見された住居址である。地表から比較的浅かったので、堆土の状態は判然としなかった。

　遺構は径5.2mの正円形を示し、側壁は南側を除いて全周する。床面は、やや軟弱であったが、柱穴は典型的な4柱穴であった。中央に不整形の凹みがあり安山岩の角石が置かれていた。また、北壁直下にも同様の凹みがあり、焼土が認められた。炉址は、この焼土と中央の凹から柱穴P4との中間に地床炉が認められ埋甕炉はなかった。

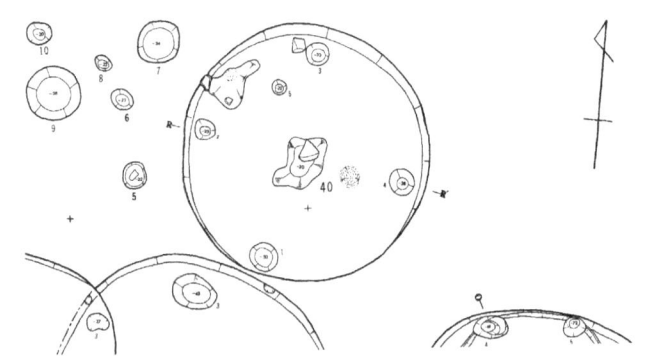

第3図　曽利第40号住居址

　遺物は、完形土器3点と器形の判別できるもの5点のほか石器も多く、土器は九兵衛尾根Ⅰ式の標式的な資料であった。このほか無孔の有孔鍔付土器1点が北壁直下の凹みから発見されたが、この地点が、この時期の凹みとは考えられなかったので別資料とした。

　本址は、中期初頭期としては、不整形な住居址の多いなかで極めて整然とした住居址で、埋甕炉こそなかったが貴重な資料である。

3　「曽利」(1978, p.23)
4　「曽利」(1978, p.23)

第 48 号住居址[*5]

　本址は 49 号址とともに曽利遺跡の最も北端から発見された住居址で、これから北は、後晩期の遺跡となり大花遺跡へと続くのである。

　遺構は、長径 5.8m・短径 5.2m の卵形を呈し、ロームの側壁が全周する。周溝はなく、床面は硬く、平坦であった。

　柱穴は、門穴 2・奥穴 5 の典型的な 7 本柱で井戸尻式期に特徴的なものである。各柱穴とも 2 個所あり、重複を伴って建替を示し縁石を残す。うち、西南隅の縁石は立石であった。

　炉址は、中央やや北寄りで焚口に縁石のない円形石囲炉があり、その南に接して土器による副炉を伴った炉址の痕跡が確認された。これも建替を示す資料の一つである。

　本址は、その外壁に切合いなどによる重複がないにもかかわらず、炉址の北に貯蔵穴が 3 ヶ所あり、それらの中央には安山岩塊が 3 個置かれていた。貯蔵穴はいずれも袋状を呈して深く、炉址に近い 2 ヶ所の貯蔵穴は埋められて、上部にはローム粒と炭とを混合した蓋がしてあった。北壁に近い 1 ヶ所は、古い柱穴と一部が重複していたが、最も完全な形で残り、最後まで使用されていたことが判った。南壁近くの古い柱穴も、その後改造されて貯蔵穴として使用されたことが明瞭であった。

　遺物は極めて豊富で、土器は、南側と東寄りから北寄りに多く西側には少なかった。なかでも南寄りには、完形に近い櫛形文土器と上部だけの同形の土器のほか、深鉢、凹石などがあたかも火災にあい、家財道具を持出しかけた状態で発見された。また、北寄りの貯蔵穴の中央には土器底部が残されていた。こうした遺物の在り方は、中期中葉の井戸尻 I 式期における生産形態を探求するに最も良好な指標となるであろう。

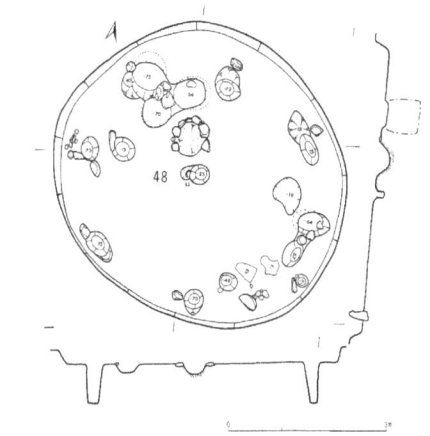

第 4 図　曽利第 48 号住居址

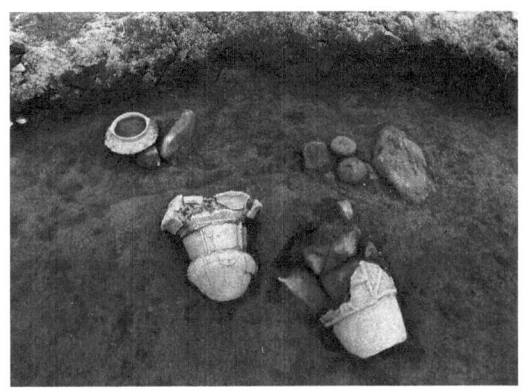

曽利第 48 号住居址土器出土状態

第 51 号住居址[*6]

　北側で 35cm を測るローム壁が、かなりきついカーブでまわっているが後は続かない。住居中央の南北に長く、遺物がびっしりと集中していた。土器は井戸尻 I 式で出土量が多く、復元できる個体も非常に多かった。

　石囲炉はこぢんまりと片開きにつくられ、石皿の半破片と凹石が使われている。柱穴は炉をはさんで 4 個所が対応している。北側の柱穴はすっきりしたもので隣りに袋状の貯蔵穴があけられている。南側は不安定な形状であり、東西両側の柱穴はそれぞれ複合しているが、同程度の深さを有する 1 対の組が当てられよう。床はしっかりとして南にいくらか傾斜

第 5 図　曽利第 51 号住居址

5　「曽利」（1978, p.86・87）
6　「曽利」（1978, p.107・108）

しており、南北方向におしつぶしたような長円形をした小さな住居址である。

第66号住居址[*7]

66号址は径6mのほぼ円形を呈する大きな住居である。西側で55・78号址と重複し、東北側は56・58・72号址の下に埋没していた。表土を除いて暗褐色の堆土に移ると、住居の東に偏って、遺物が多数の石を混じえてガラガラと集積したようにまとまって出土した。土器は新道式であり、個体数も多くて良好なセットだった。また西側で55号址と重複しあう辺には、生活面上に据えられたふうな恰好で台付浅鉢がポツンと遺されていた。住居北側では明褐色の三角堆土がよく発達して、その先端は中央の炉址近くまで延びていた。

南側を除いてロームの側壁がまわり、床面は南側にやや傾き、壁から1mほど内側はロームが斑に混在する固い明褐色土が床をなして全体に少し凹んでいた。中央にある地床炉は、割と広い範囲にわたって真赤な焼土と炭粒がみられ、南東側に1個の石が添えられていた。

住居内側の床をローム面まで剝ぐと、東側は10cmばかりに段落がついてぐるっと壁がめぐり、66号址に先行する同心円状の住居址が10cm弱差で存在することがわかった。そこでこの住居址を67号とした。

狢沢式期の67号と新道式期の66号とは短時間の間をおいた、ないしは連続した時間上にあって、66号は67号の同心円状建替といって差支えない緊密な関係をもっていることが察せられる。

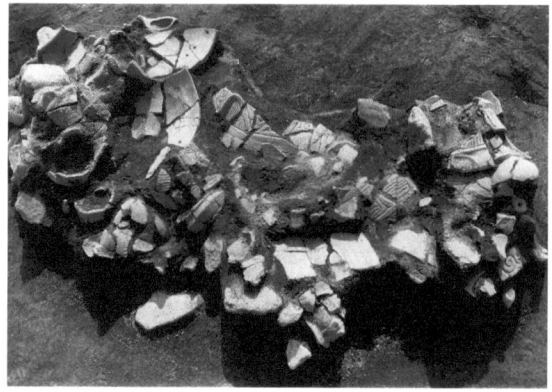

曽利第51号住居址土器出土状態

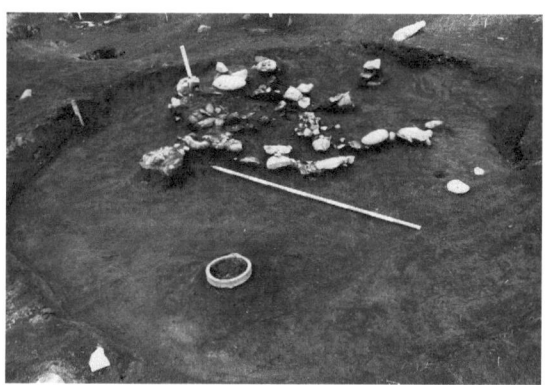

曽利第66号住居址出土状態

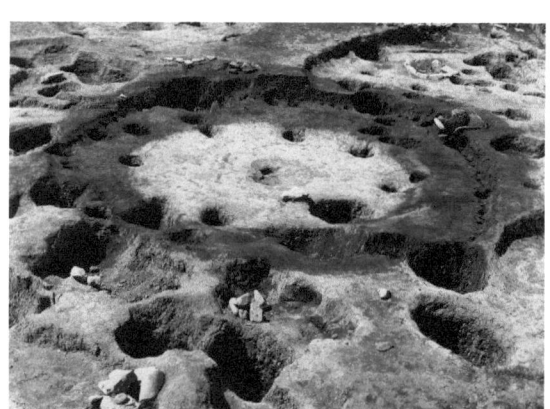

曽利第66号（外）67号（内）住居址

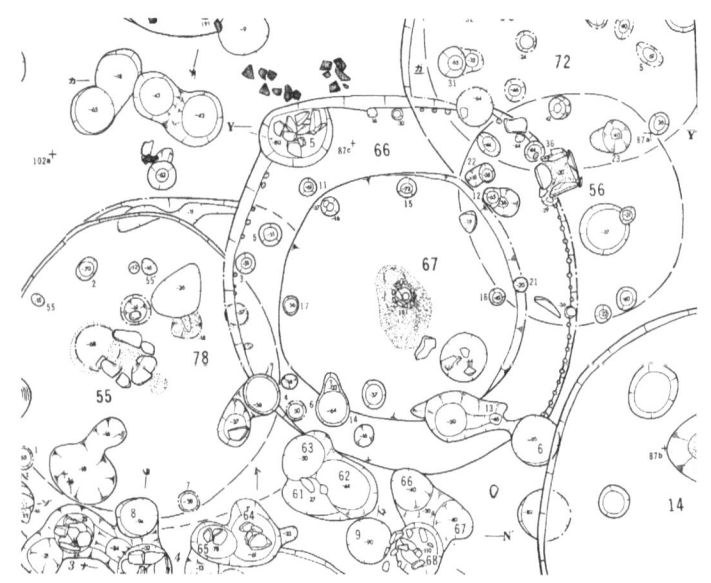

第6図　曽利第66号住居址

---

7 「曽利」（1978, p.116・117）

立沢遺跡の発掘とその住居址について

藤森栄一編『井戸尻』(1965) より

立沢遺跡の発掘

　遺跡は立場川の西岸上、帯状台地の一部にある。立沢部落の西方200m、西方羽場部落に至る中間地帯の畑地で、南北500m、東西100mに及ぶ広大な遺跡と想定される。

　発掘地点は、遺跡のうち、道路南、立沢547番イ号の水野三平氏畑地である。

　調査は三次にわたり、第一次は昭和27年12月2日〜7日。第二次は昭和28年5月1日〜10日。第三次は同年5月30日〜31日である。また発掘の詳細なデータについては、「日本考古学年報5」「長野県諏訪郡本郷村立沢遺跡発掘調査報告」(信濃6の5)、「立沢村の歴史」(単)などに報告がある。

　調査者は、主査宮坂英弌、小池晴豊、矢島数由、増沢賢らが主体となり、本郷小学校、清陵高校地歴部員がこれに加わった。立沢郷土史編集の一端として、立沢文化財保護委員会の事業であった。

　発掘に当たっては、重複する4基の竪穴住居址を発見した。当時としてはまだ、竪穴の重複によって土器型式を類別し、その編年の一資料とする考えはなかったので、四つの竪穴を分析して、それぞれの家屋構造の復原に全力が傾倒された。当時としては、まことに当然ないき方であった。

　竪穴住居址4基は、互に切り込み、また、切り込まれて複雑を極めていた。しかし、住居は炉を中心にして構築されたものという考えに支えられて、一応、四つの炉址を中心として、各住居址のプランを決め、その区域を周壁と周溝で仮定した。柱穴は、数が多く、それぞれの住居址の主柱穴は、単独住居址のように、簡単には定められない。したがって一住居址内に発見された多数の柱穴から、口径、深度の類似したものを選択摘出し、これに床の中心を横ぎ対角線に対する位置から、各主柱穴を推定して、これを中心に、各住居址を分離することに成功した。

第1号住居址

　東と北側にはっきりした側壁がめぐり、その限界はまことに明瞭だったが、中央炉址から西は第2号竪穴が、弧を描いて切り込んでいたので、

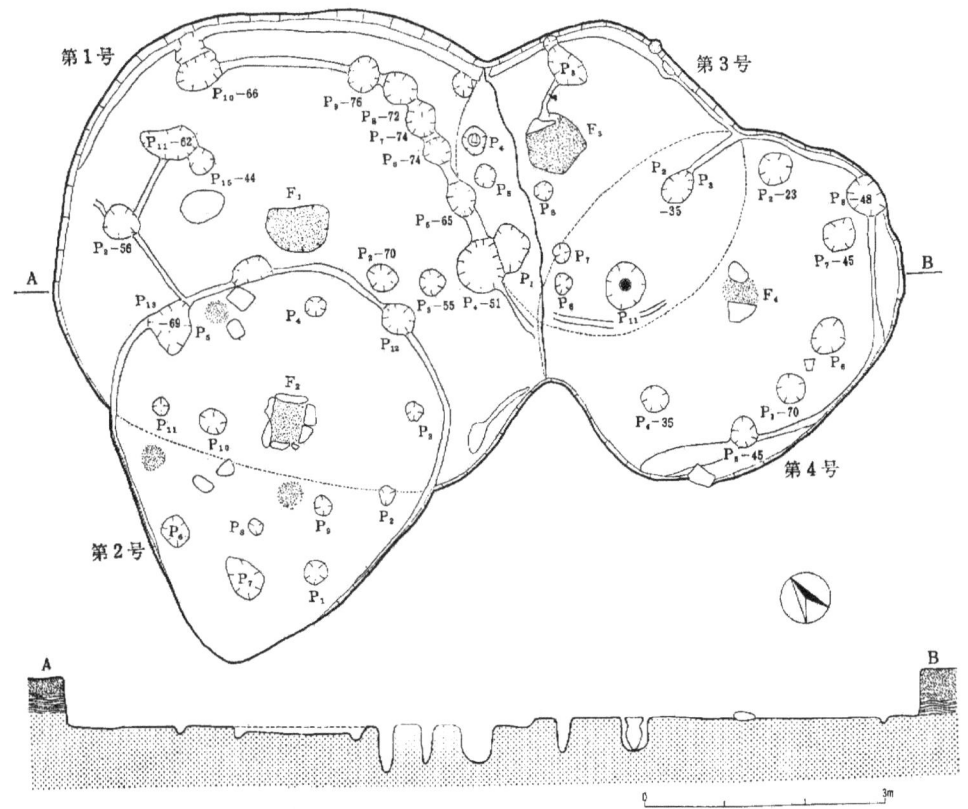

第7図　立沢1〜4号住居址

側壁も周溝もはっきりしない。想定としては、径6mの円形が考えられる。炉址は、ほぼ竪穴の中央にあり、東西径75cm、南北径45cmの長方形、深さ35cm、床は焼けて赤く、これは、浅いことと周囲の状態からみて、石で囲ったものでなく、単に床面に穴を穿ったもののようである。柱穴は、住居址内にみられる多数のうちから、17例を、本住居址に属するものと推定する。

出土遺物は、炉址上に土器類が堆積していた。復原できたものは3個である。その他に、完形打石斧20点、黒耀石製の石鏃3点、石錐1、ほか凹石、石弾などがあった。

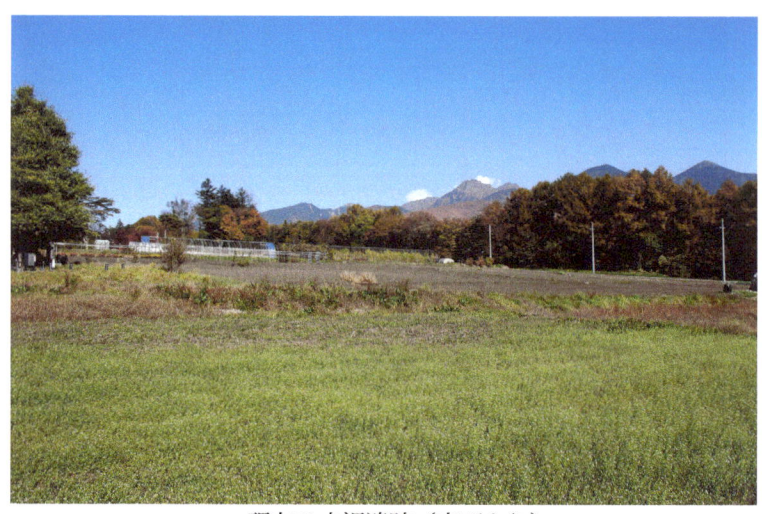

現在の立沢遺跡（南西より）

第2号住居址

第1号住居址の南西側から、その大半を切り込んでいたのが第2号住居址である。平面から推して、この竪穴住居址は、径約4.4mの円形と推定される。実測図の南西隅が張り出して変形しているのは、壁と溝を求めて掘り拡げたためである。床面は、1号より約5cm低く、中央は硬く、西側は軟弱であった。

床の中心から東北にかたよって、安山岩の礫5個で4周を囲んだ、径60cm方形の炉F2があった。床面から5cm縁が高くなっている。それぞれの礫の

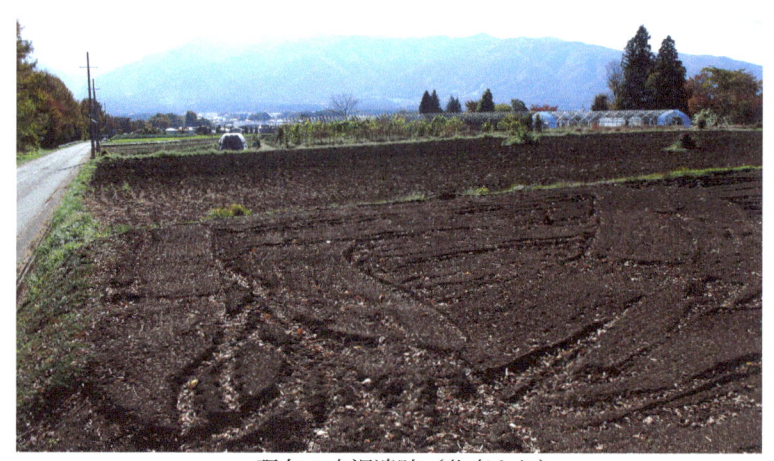

現在の立沢遺跡（北東より）

合わせ目には小石を埋めて、きわめて丹念に構築していた。炉底は焼けて赤い。F2の東南に、土器1個が横に倒れていた。そのほか床面が焼けた個所が3ヶ所あった。柱穴は11個をかぞえているが、主柱穴はP1～P7の7個によつて上屋がかけられたものと思われる。

東側溝に口縁51cm、深さ55cm、円形平底の大きなピットP12があった。底には自然礫2個が据えてあり、おそらく貯蔵坑であろうと想像される。

出土遺物は、土器2個、黒耀石石鏃2、石錐1、完形打石斧13、磨石斧3、他に凹石・石弾などである。　　　　　（宮坂英弌）

大畑遺跡の発掘（第1発掘区）

武藤雄六著『長野県考古学会誌　第3号』（1965）より

大畑遺跡の発掘

　大畑遺跡は、八ケ岳山列の最南端に位する西岳（2,564m）の西麓に発達する帯状台地の上にある。梯形の断面を示し、ローム層が発達して、遺跡として絶好の場所となっている。また、この帯状台地は、何条も発達しているが、その巾は比較的せまく、50mを越すことは少ない。さらに、台地と台地の中間は、小円礫を含む上部ローム層の下部と、その上に腐植土層が堆積し、現在、浸潤水を利用してほとんど開田されている。

　発掘に当っては、まず第1・第2発掘区を設定した。第1発掘区は、急傾斜地における遺物包含状態の調査、第2発掘区は、竪穴住居址の埋没状態と集落址の調査とであった。

第1発掘区

　発掘区全体にわたって地表面からの深さ15〜25cmの間を第1層として調査した。

　第1層の土器は、曽利Ⅲ式〜曽利Ⅵ式土器を主体とし、石器は、凹石5、打石斧3、石鏃1とであった。このあと5〜10cm無遺物層があり、これをすぎると、また包含層に達した。この包含層も第1層と同じく薄く、約10cmであった。これを第2層とした。この層は、第1層に比し、遺物は土器を主体として石器は、発見されなかった。発見された土器片は、整理箱4箱の多きに達したが、いずれも破片で完形復原できたものは、わずか1個であった。

　4箱に上るその他の破片は、井戸尻Ⅲ式土器を主体に、曽利Ⅰ式〜曽利Ⅱ式土器が1箱、藤内Ⅰ式・新道式・狢沢式土器などであった。しかも、これらの土器は、何らの層位的関係を持たず、ただ黒色の腐植土層中に、無造作に投出された格好で堆積されていた。さらに第1層・第2層ともに傾斜面にそってやや、下部に厚くなる程度の状態を示したにすぎず、竪穴などの遺構は、全く発見することはできなかった。第2層以下の腐植土層には遺物はほとんどなく、わずか新道式・狢沢式土器片各々2個が発見されたにすぎなかった。

　第1発掘区を含む一帯の斜面は、順次建替えられた台地上の集落による、廃棄物捨場的要素をもった遺物包含層であることが確認できた。

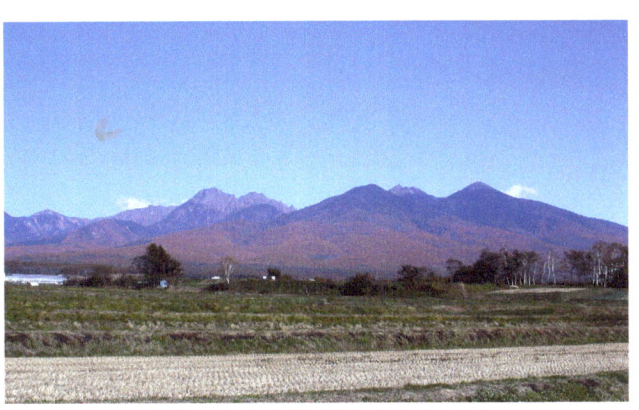

現在の大畑遺跡遠景（南西より）

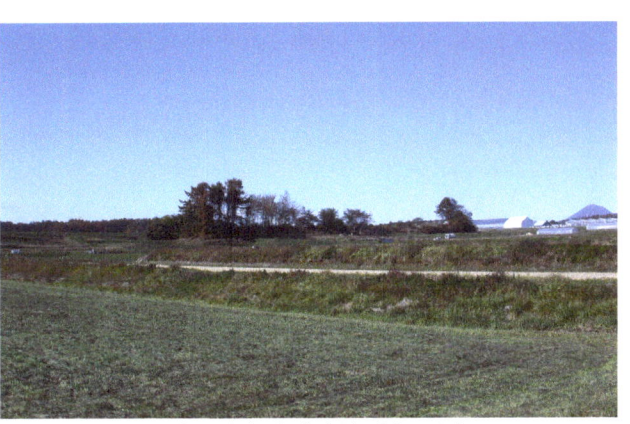

現在の大畑遺跡遠景（南より）

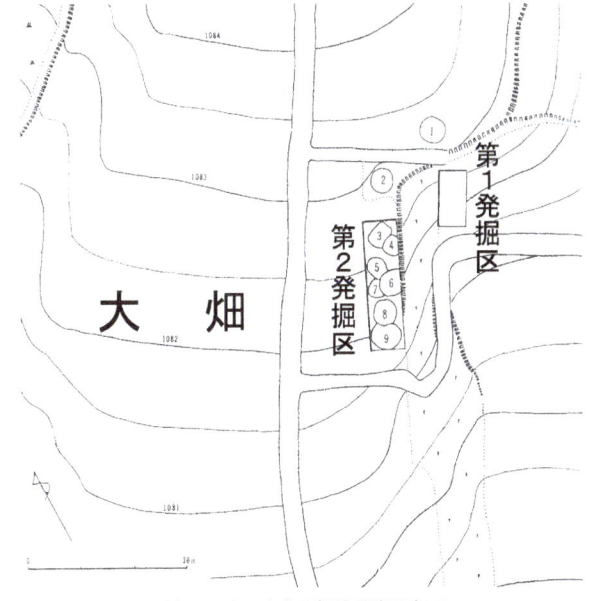

第8図　大畑遺跡発掘地区

坂上遺跡の発掘（1号小竪穴）

井戸尻考古館編『唐渡宮』（1988）より

坂上遺跡の発掘

　坂上遺跡は、長さ250m・幅40mほどの痩せ尾根上に立地する。ここはもともと松の風除林だったが、戦後に開墾されて畑となった。尾根の西北側は小母沢の谷に面し、東南側は幅150mの窪地をへて向原遺跡の尾根筋と対峙している。この辺りはもう八ケ岳南麓台地の最末端であって、樹間に釜無川の河原を見下すことができる。遺跡の南200mに当たる窪地の末端からは湧き水が出ており、冬でも枯れない。

　遺物の散布状態からみて、尾根の上半分側130m・最大幅40m弱の範囲に遺構の埋没が予想されたので、これを調査区域とした。

　発掘に当たって、表土の剥取りはブルドーザーによって行った。黒褐色の表土層は平均20cm前後で軟質ローム層に移る。なお、調査区上半分の東南側に接する、Y字路ではさまれた低い畑にも土器片が散見されたので試掘してみたが、遺構は認められなかった。

　また、調査区外の尾根の下半部については、後日、ブルドーザーによる表土剥ぎに立合ったが、遺物も遺構も発見されなかった。

　発掘の結果、本遺跡は曽利Ⅱ式期の単純な集落址であることが判明した。検出された遺構は、住居址8基・小竪穴もしくは土壙・簡単な配石址等である。住居は尾根の東南縁に沿って営まれ、上手に3軒が組をなし、40m隔たった下手に5軒が並んでいる。そしてこの間の、尾根の中央部に小竪穴ないし土壙・配石ほかが設けられている。

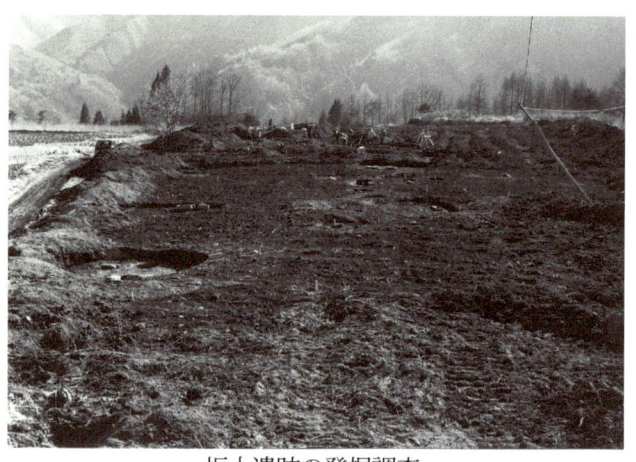

坂上遺跡の発掘調査

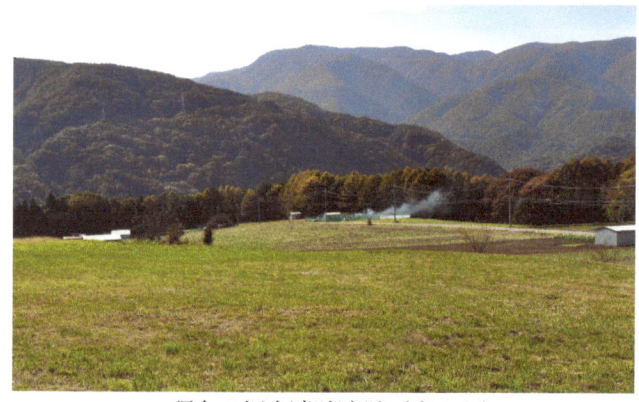

現在の坂上遺跡遠景（東より）

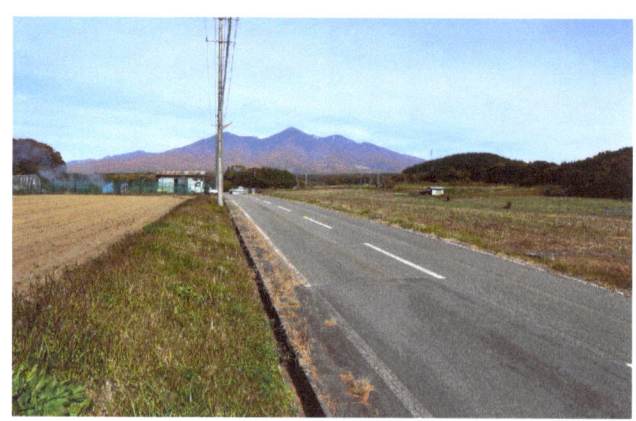

現在の坂上遺跡（南西より）

1号址南西の屋外遺構群

1号住居址の南西側に続く尾根の中央部には、数種の屋外遺構がまとまっていた。すなわち三分割して安置された土偶，立石，小竪穴8，簡単な配石4箇所，樹立土器，焼土痕2箇所である。このうち遺構群のほぼ中心的な場所に、土偶と立石が位置している。

表土を除去すると、まず、1号址から南西に8m隔たった地点で、土偶と横倒しになった立石とが2.5m離れて出土した。土偶は、首から上と胴体と腰から下との三つに分かれ、胴体と腰以下が正面を上にして南向き左右に並んでいた。頭部も同じ箇所にあったが、いち早く出土し、それと気付かずに取りあげられてしまったために正確な位置関係は分からない。三つの部分を合わせると身長23cmに達する大きな土偶である。ただし右足を欠損している。層位的には軟質ロームのちょうど上面に当たり、同面には6〜7個の石片もしくは小石が、土偶に伴うようにして置かれていた。そのうちの1個は粘板岩製の打製石庖丁であり、他の1個も同じく粘板岩の薄い石片だった。それに土器の小破片も1点ふくまれている。これらの周囲は勾玉形に暗褐色をしており、土壙の埋没が明らかだった。

ところで、はじめそれと気付かずに土偶の首が出土したとき、同じ箇所から打製石器3点と粘板岩の石片と礫石器1点、それに両手分ほどの土器片が伴出していた。出土層位は軟質ロームの上面よりわずかに高い程度であるから、それらの遺物も土偶に伴って配されていたのだろう。土偶と小石をあげて掘り下げると、暗褐色土の溜まった範囲はおよそ8〜10cmの浅い勾玉形の凹みであった。しかしそれが独立した施設かどうかは不確かなまま、ひきつづき褐色の堆土に移り、その下は径1.2m・深さ40cmほどの穴（1号小竪穴）となった。土器片が一片あったのみで特に遺物は発見されない。

石器と土器片および小石を伴った土偶が直接かかわるのは、暗暢色土が溜まった勾玉形の浅い凹みである。しかし、この凹みは大部分がその下に埋没している1号小竪穴の輪郭に一致し、残る部分は7号小竪穴の上に該当しており、これらの関係は偶然でありえない。すなわち、少なくとも1号小竪穴の上面に意図的に土偶ほかが置かれたものと理解するのが自然である。

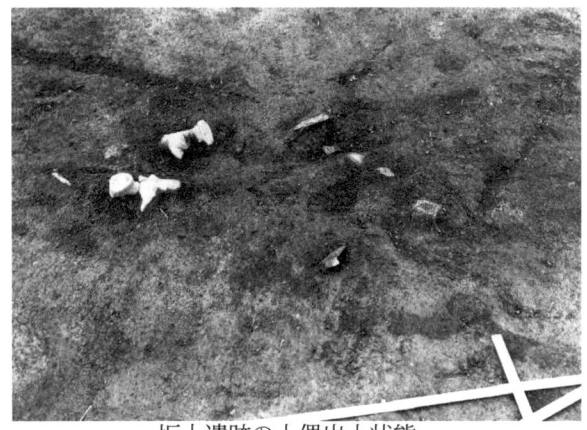

坂上遺跡の土偶出土状態

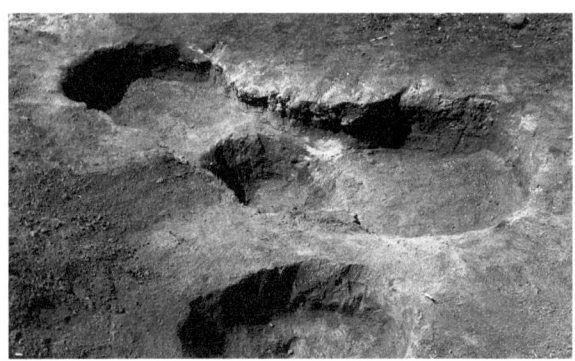

坂上1号小竪穴

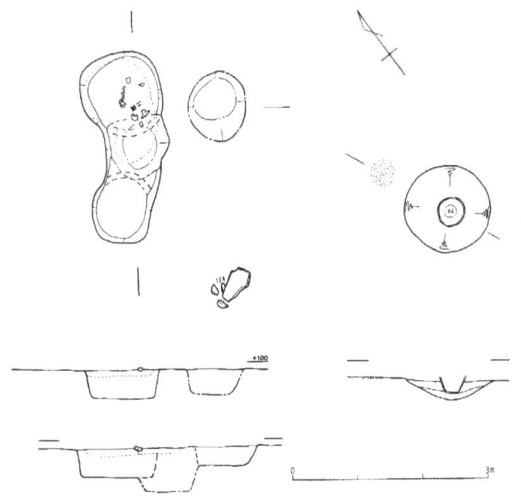

第9図　坂上遺跡1号南西の屋外遺構

図　録

浅鉢（あさばち）
曽利遺跡（そりいせき）
藤内Ⅰ古式
曽利第33号住居址
昭和44年（1969年） 発掘
縄文中期中葉
約4700年前
15cm（高さ）, 33.5cm（口径）
曽利 - P66, No.36
ID-071

　33号址は、西側の半分を切られ、待に西南を35号址（藤内Ⅱ式）に、北側の遺物の多い場所を38号址（井戸尻Ⅲ式）に削られて遺物は少なかった。

　この浅鉢は、不正円形で口縁が強く内湾するこの時期独特の器形を示す。屈折部は、指頭による連続波状凹みをめぐらし、その中央と上部に三角押引波文をあしらっている。これは、新道式期に強い特徴で、古い要素とみなければならない。器壁内面には使用による荒れが底部にかけて存在し、修理用の結束孔が2個あけられている。

　焼成は良好で灰黒色を呈し、底部は褐色に変化し火熱を受けたことが分かる。　　　　　　　　　　　（武藤雄六）

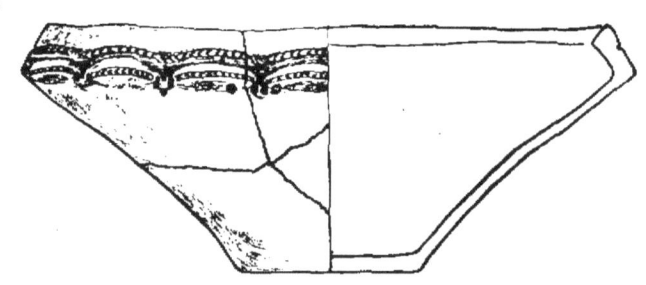

浅鉢（あさばち）

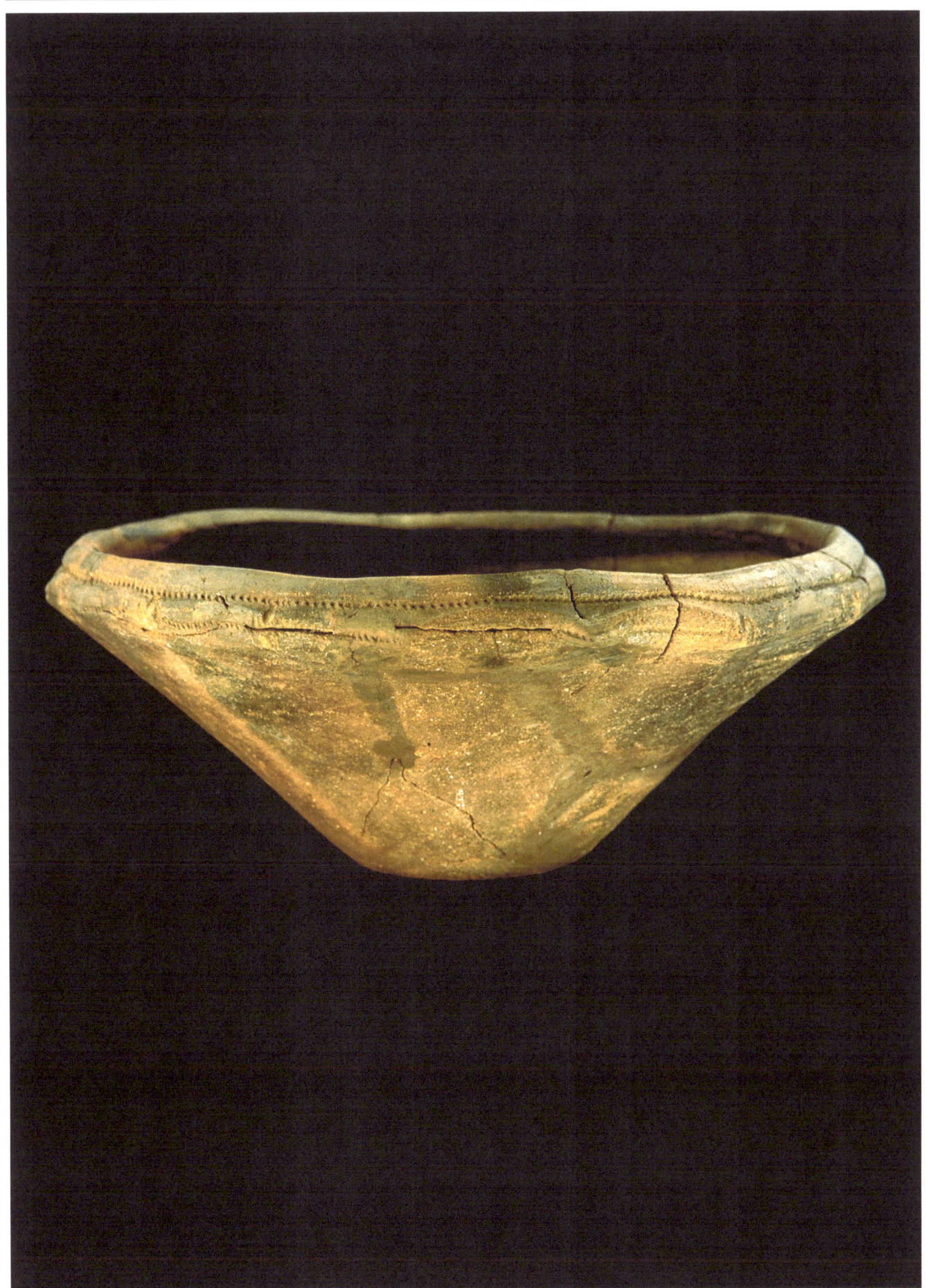

浅鉢（あさばち）

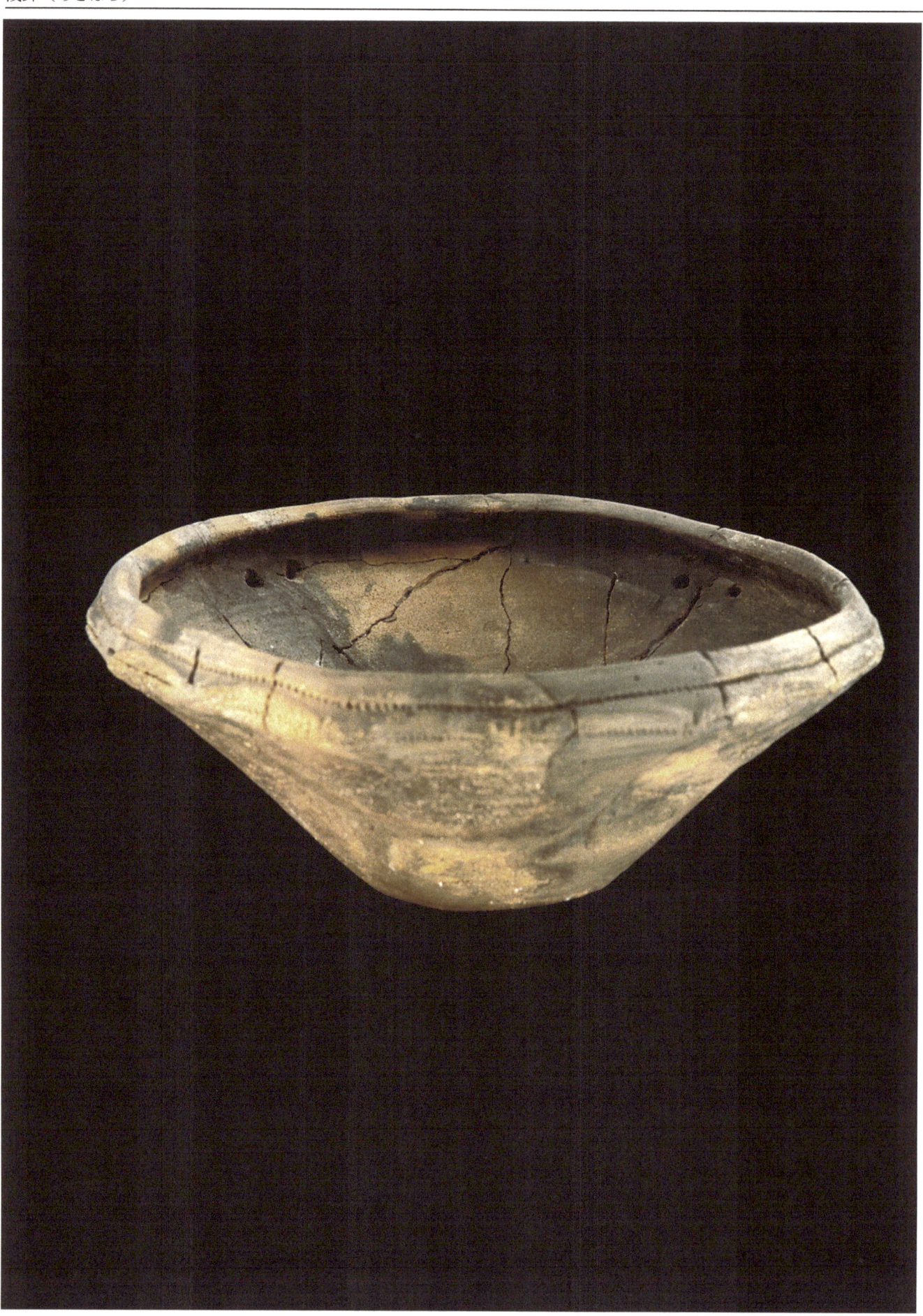

浅鉢（あさばち）

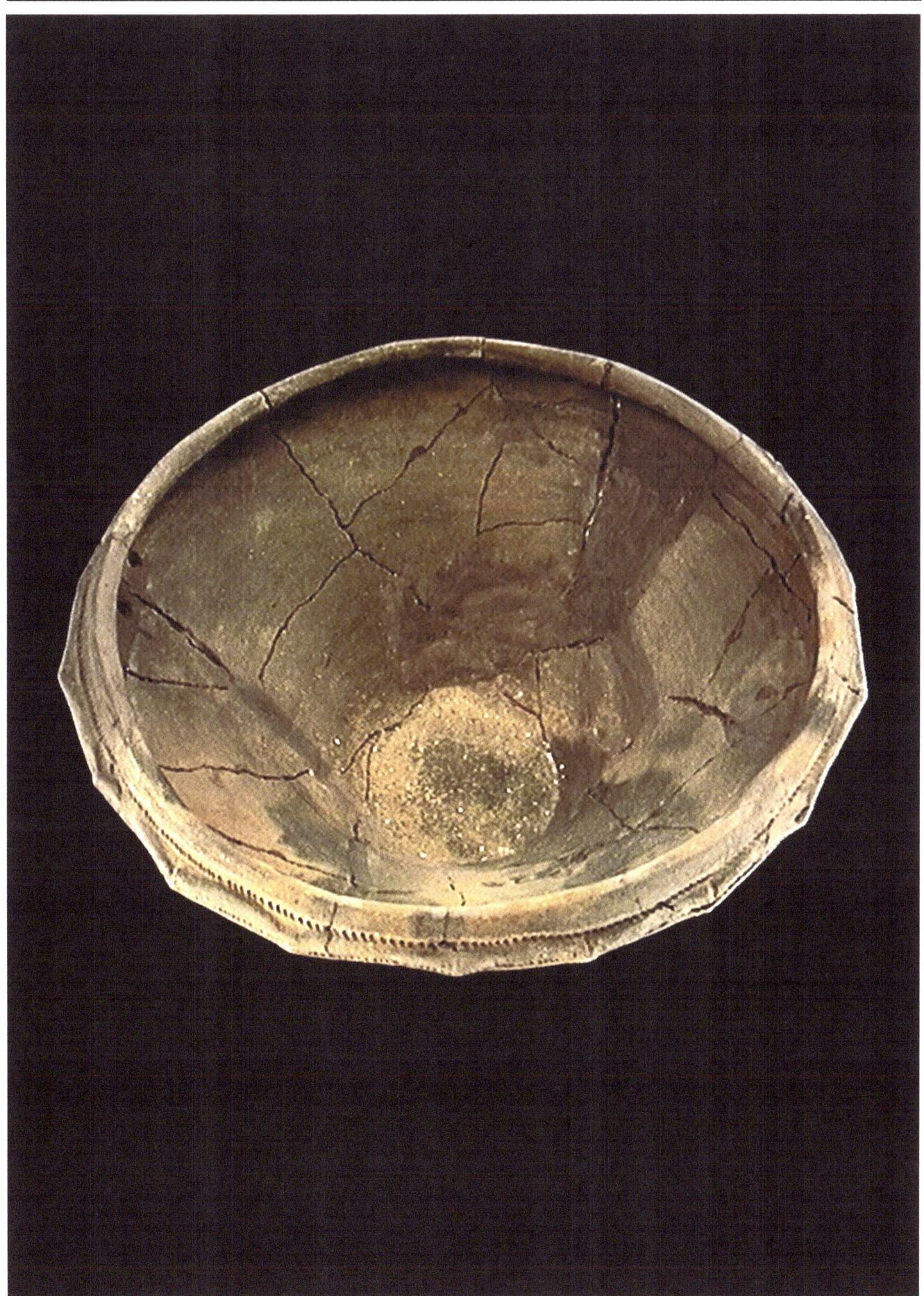

蛇文深鉢（じゃもんふかばち）
曽利遺跡（そりいせき）
藤内Ⅱ式
曽利第35号住居址
昭和44年（1969年）　発掘
縄文中期中葉
約4600年前
29.7cm（高さ）, 23.8cm（口径）
曽利 - P67, No.48
ID-019

　　35号址は、遺構の中央部を24号址に毀され、西南隅の土壙に4個の土器が埋込まれていた。
　そのうちのひとつ、この蛇文深鉢は、屈折底の上部が極端にしまり、底部横帯文の区画が明瞭に残る。胴部は、地文の縄文を磨消して波頭を示し、円文が残る。これらは、いずれも古い要素である。中央には、蛇を表現した把手が付けられ、蛇体の胴体は強くハネ上っている。
　本址出土の土器は、胎土・焼成とも良好で、色調は上半部が黒味がかり下半部は赤褐で二次加熱を受けている。外壁には、中央からやや下に、煤の附着が認められる。煤の附着は、内壁では底部と立ち上り部に多い。

(武藤雄六)

　器面を這いあがり、口縁に鎌首をもたげた蛇は花のような円環を飲み込んでいるかのようだ。この円環は別の土器図像から光らない月を表わすとみられる一方で、蛇は光る三日月を表わすとされる。光らざる暗い月を抱え込んだ新しい月を表徴する図像であろう。
　実はこの蛇の胴体から鍵形にまがった尾の表現は『井戸尻の縄文土器 1』にみる神像筒形土器の腕に由来すると小林公明はみている。蛇文と円環の反対面には、両肩と両腕が表現されている。

(井戸尻考古館　小松隆史)

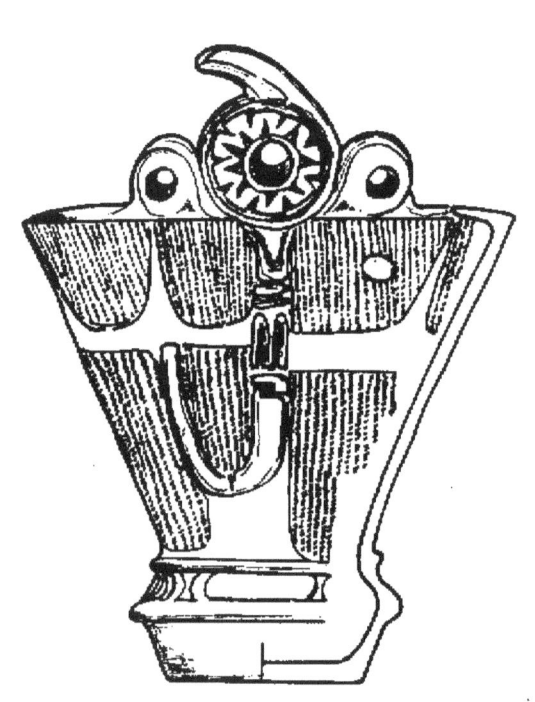

蛇文深鉢（じゃもんふかばち）

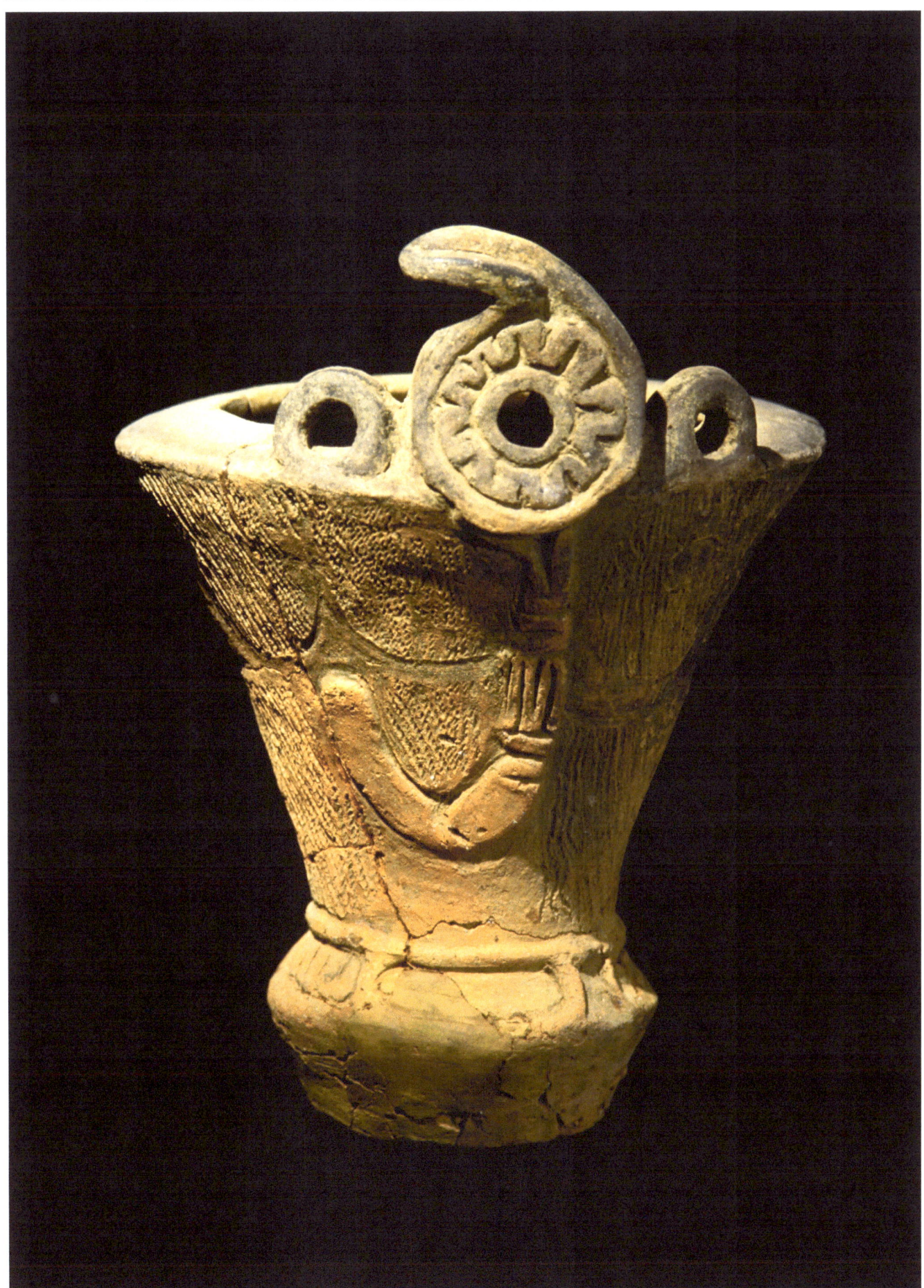

蛇文深鉢（じゃもんふかばち）

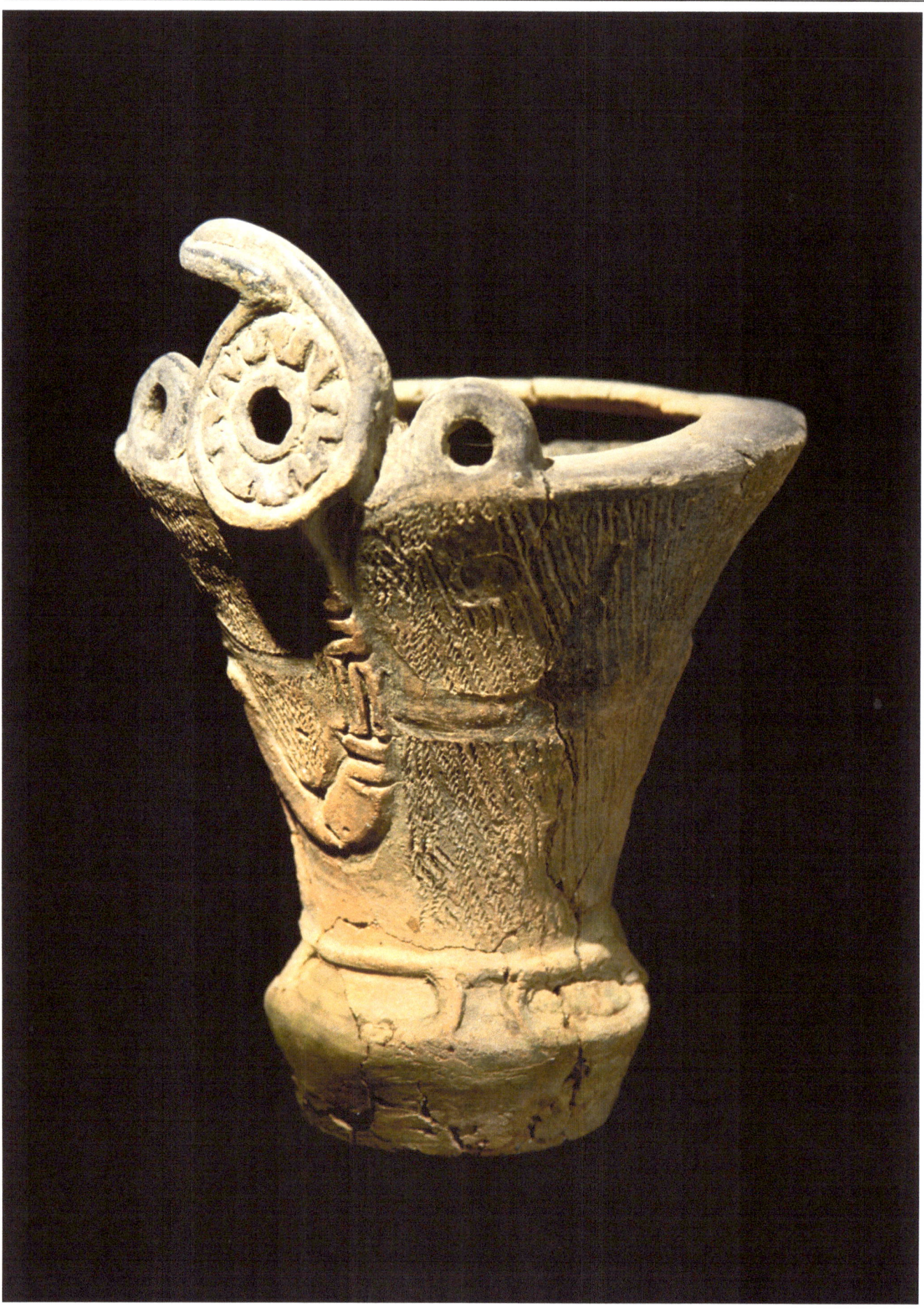

蛇文深鉢（じゃもんふかばち）

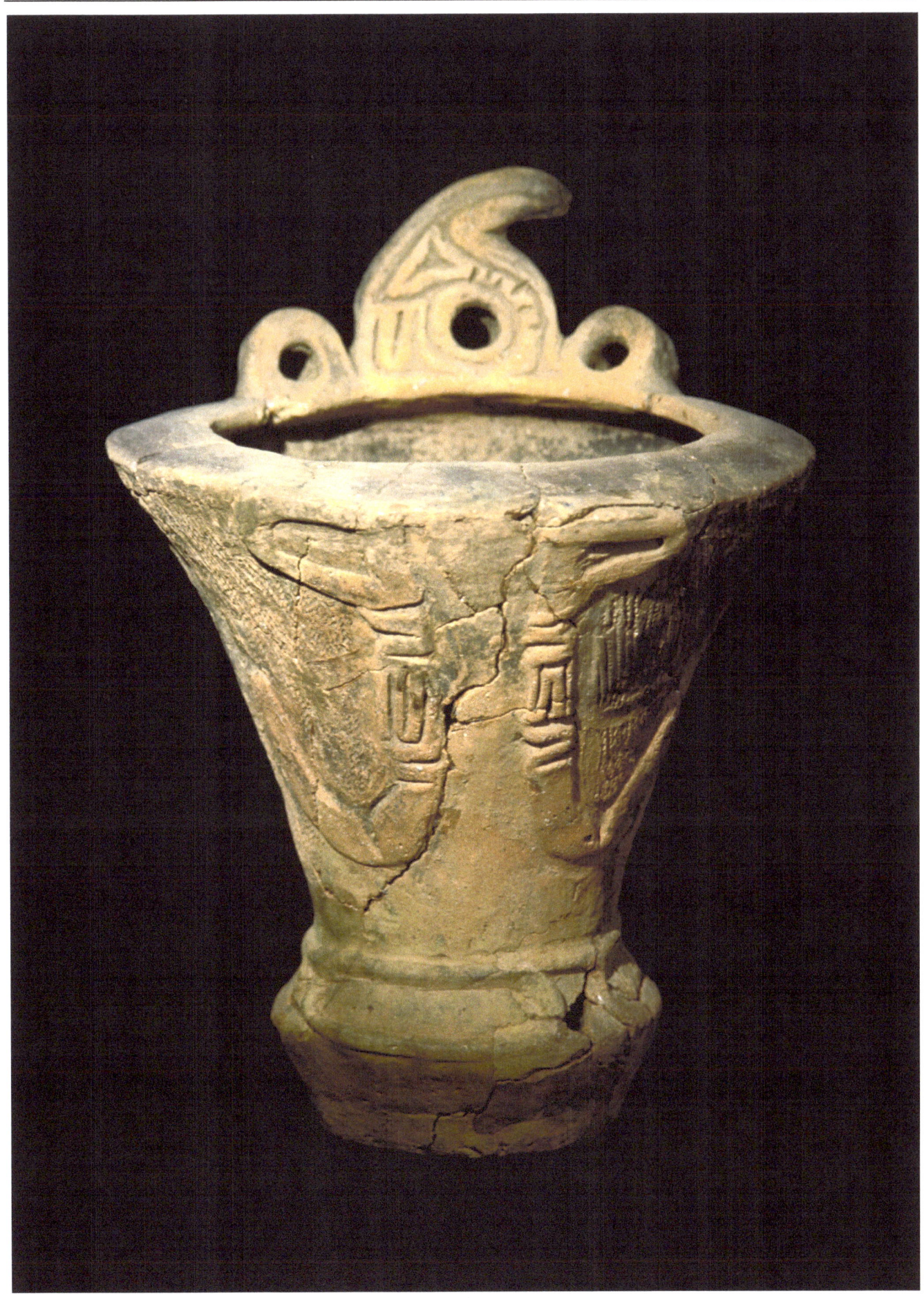

有孔鍔付土器と器台（ゆうこうつばつきどきときだい）
曽利遺跡（そりいせき）
藤内Ⅱ式
曽利第39号住居址
昭和44年（1969年）発掘
縄文中期中葉
約4600年前
36cm, 7.5cm/台（高さ）
曽利 - P66, No.42, 43
ID-015

　39号址は、25号址に西側を削り取られた住居址で土器は2点と少なかった。
　この有孔鍔付土器は、樽形の有孔鍔付土器で、縄文帯と無文帯とに別かれている。縄文帯には菱形の摩消があり、無文帯は、鍔から連続する撮状の把手を介して下胴部にまで垂下する隆帯によって区切られている。胴部の中央には、隆帯を連結させるブリッヂがかけられている。
　胎土は精選され、焼成も良好で壁面には黒漆を塗布し、内壁には丹が厚く残っていた。また、この土器は、柱穴の傍に埋められ、酒造具としての機能を裏付ける出土状態であった。こうした出土例は比較的多く、特に居沢尾根に好例が認められている。
　器台は、焼成も良好で灰黒色を呈し胎土に河砂および粘板岩の小片を混入するという特異な製作方法をとっている。この器台にも上面から周辺にかけて黒漆を塗布している。
　器台は、土器の焼成の際、その台座として使用されたというのが今までの考え方であったが、本址例で、他の生活用の土器が1点もないのに、器台と有孔鍔付土器だけが残されていた事実から「器台は、有孔鍔付土器の台である」という結論が導き出された。
（武藤雄六）

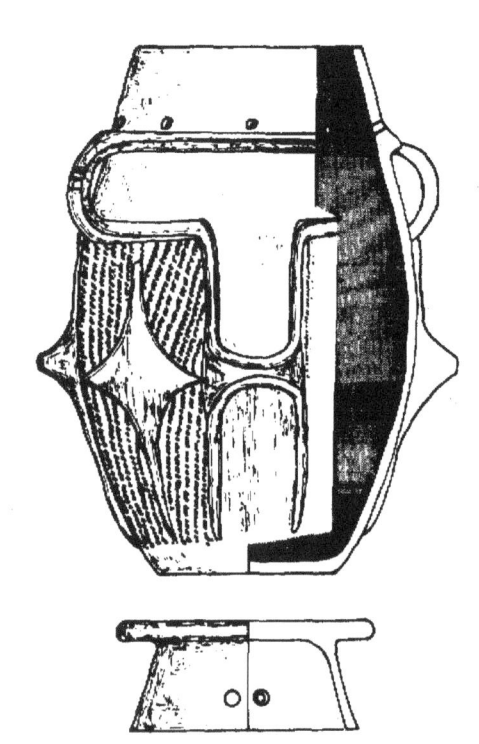

有孔鍔付土器と器台（ゆうこうつばつきどきときだい）

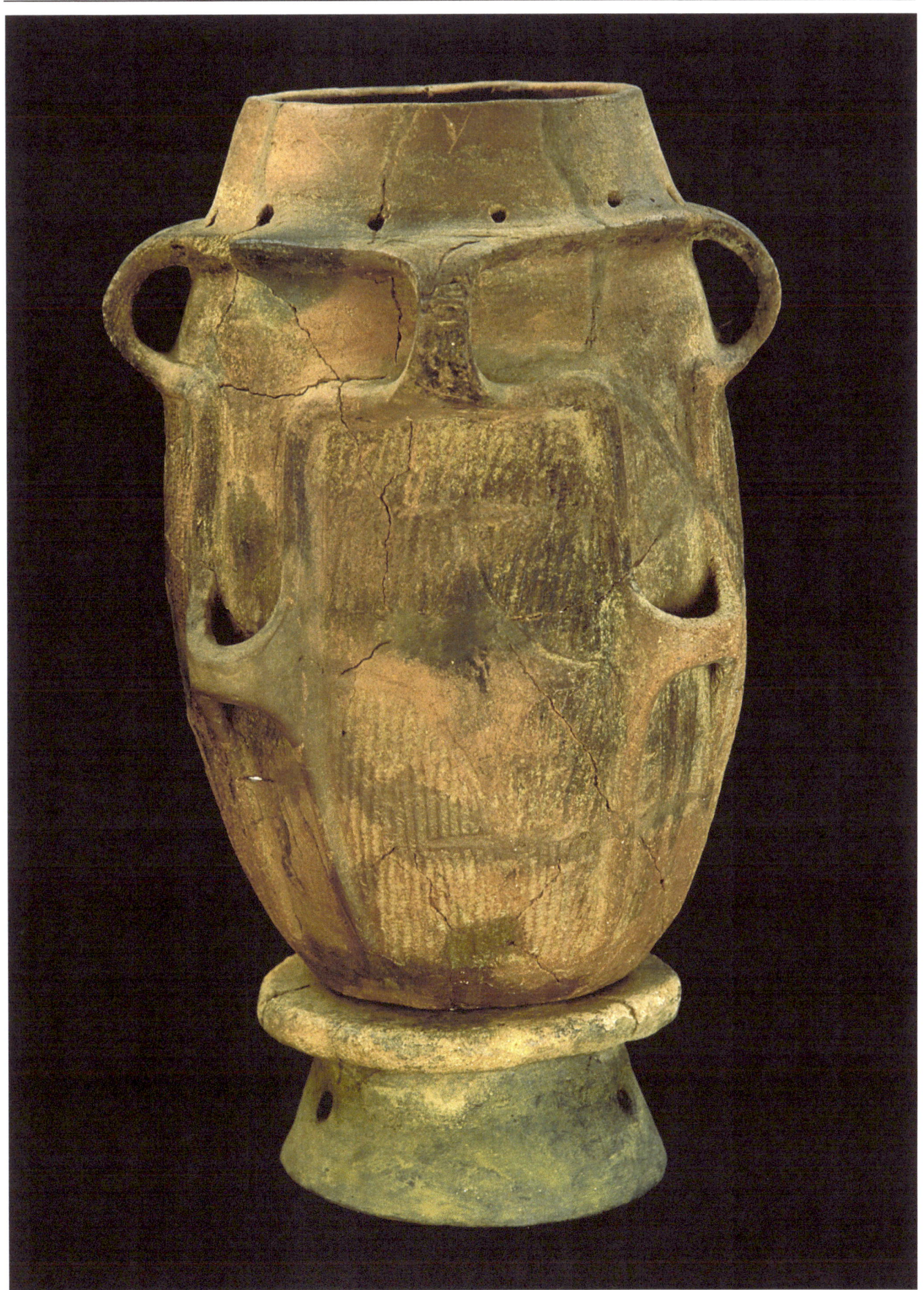

有孔鍔付土器と器台（ゆうこうつばつきどきときだい）

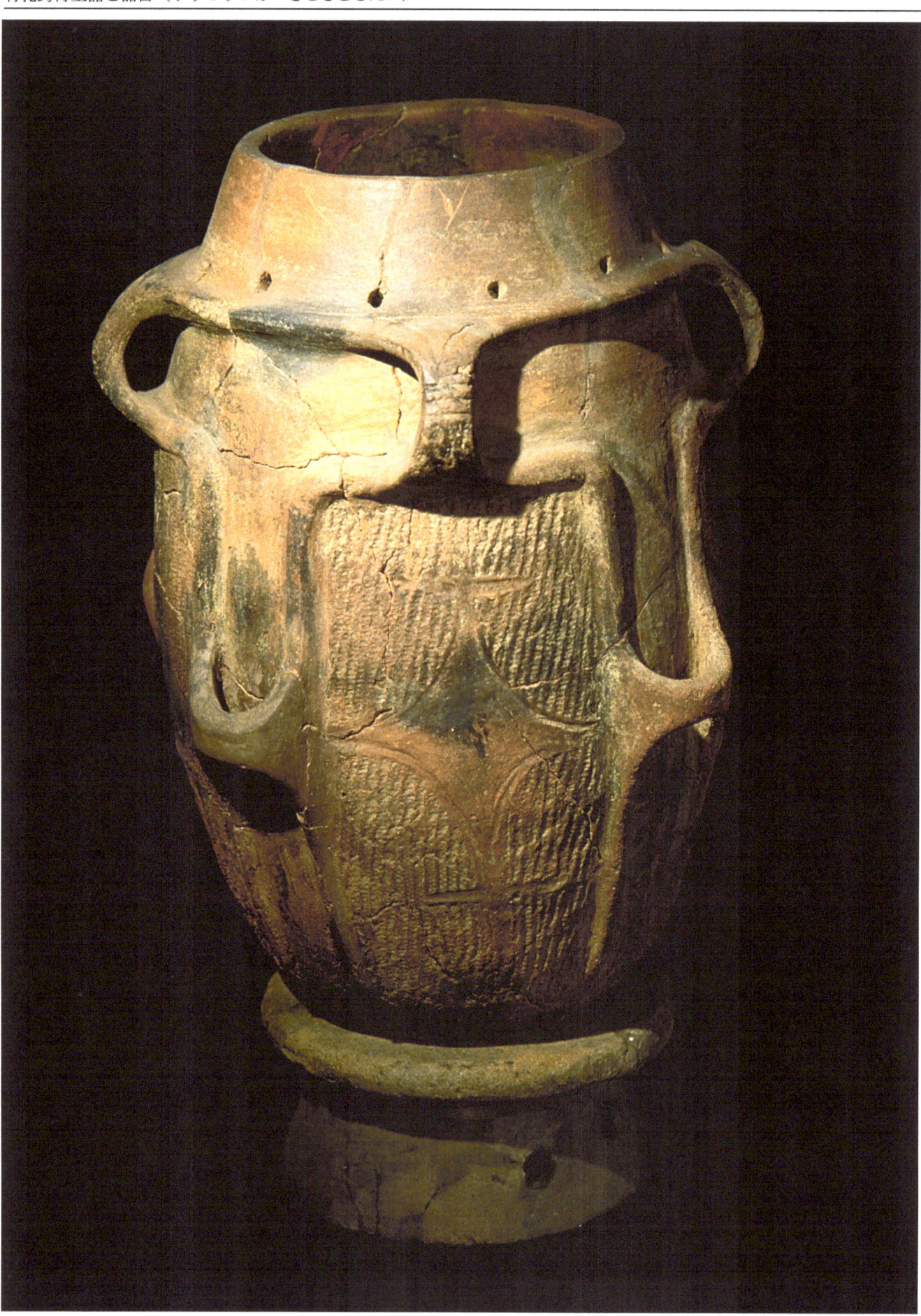

有孔鍔付土器と器台(ゆうこうつばつきどきとうきだい)

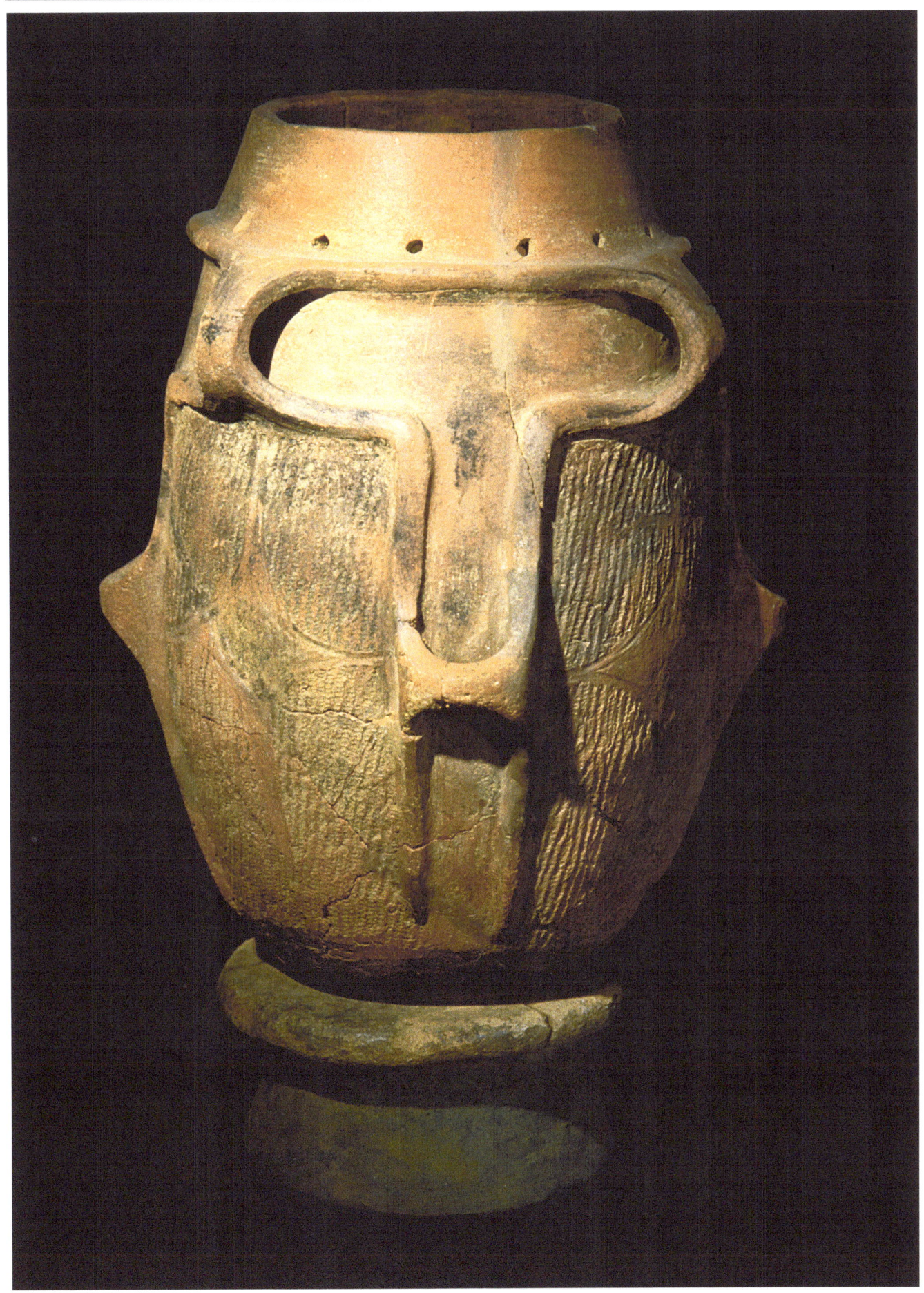

四方山形口縁深鉢（しほうやまがたこうえんふかばち）
曽利遺跡（そりいせき）
九兵衛尾根Ⅰ式
曽利第40号住居址
昭和44年（1969年）　発掘
縄文中期初頭
約5000年前
51cm（高さ）,38cm（口径）
曽利 - P60, No.2
ID-062

　40号住居址は、重複関係のない単独な住居址で、37号址と同じく九兵衛尾根Ⅰ式期に帰属する住居址であった。
　8個の資料のうち、深鉢が6個と圧倒的に多く、壺形に近いものが2個体あった。これらのうち、張出底は、この四方山形口縁深鉢であり、器高も50cmという大形であった。この器形に類似する4点の土器は、いずれも籠畑式から受継がれた器形で、完成したのがこの土器とみられる。
　文様は、平行沈線を主体とし、三角刻文をもつ。焼成は明るい茶褐色あるいはチョコレート色で金雲母を含む。二次焼成もみられる。
　付着物は中辺より下に付着するほか外壁上には、煤の付着がみられる。
　このように本作品は、前期最末の籠畑式期の器形および施文手法を受継いだ典型的な九兵衛尾根Ⅰ式土器といえよう。

（武藤雄六）

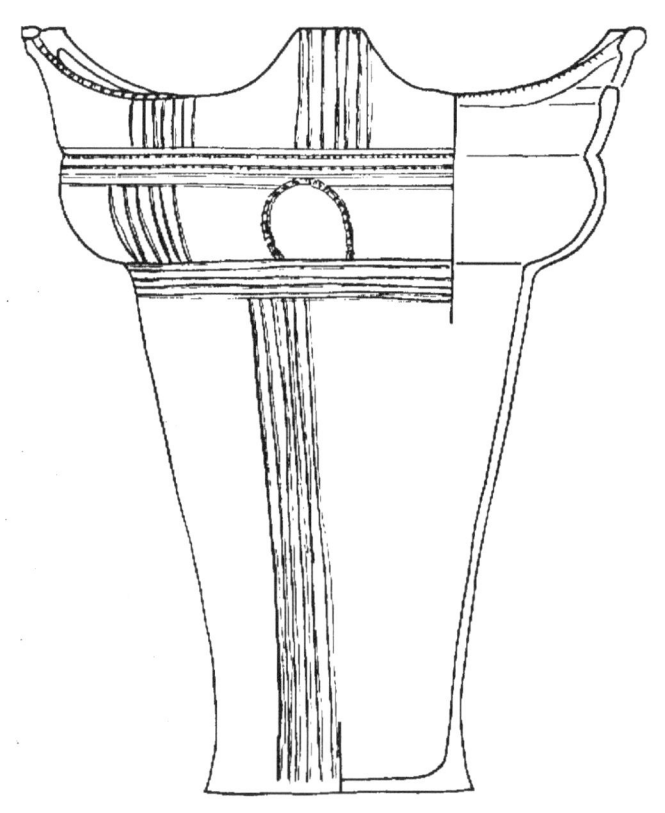

四方山形口縁深鉢（しほうやまがたこうえんふかばち）

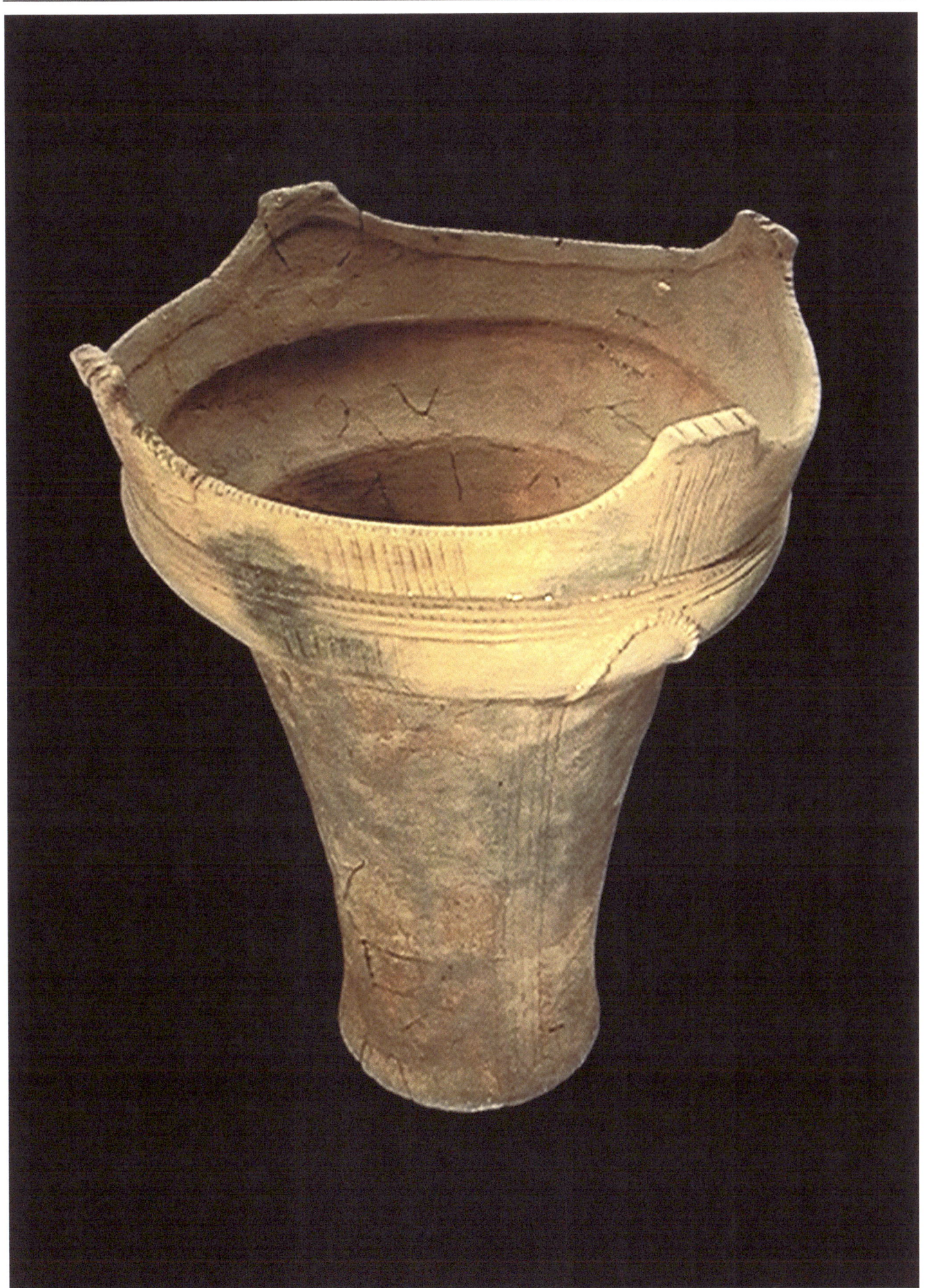

四方山形口縁深鉢（しほうやまがたこうえんふかばち）

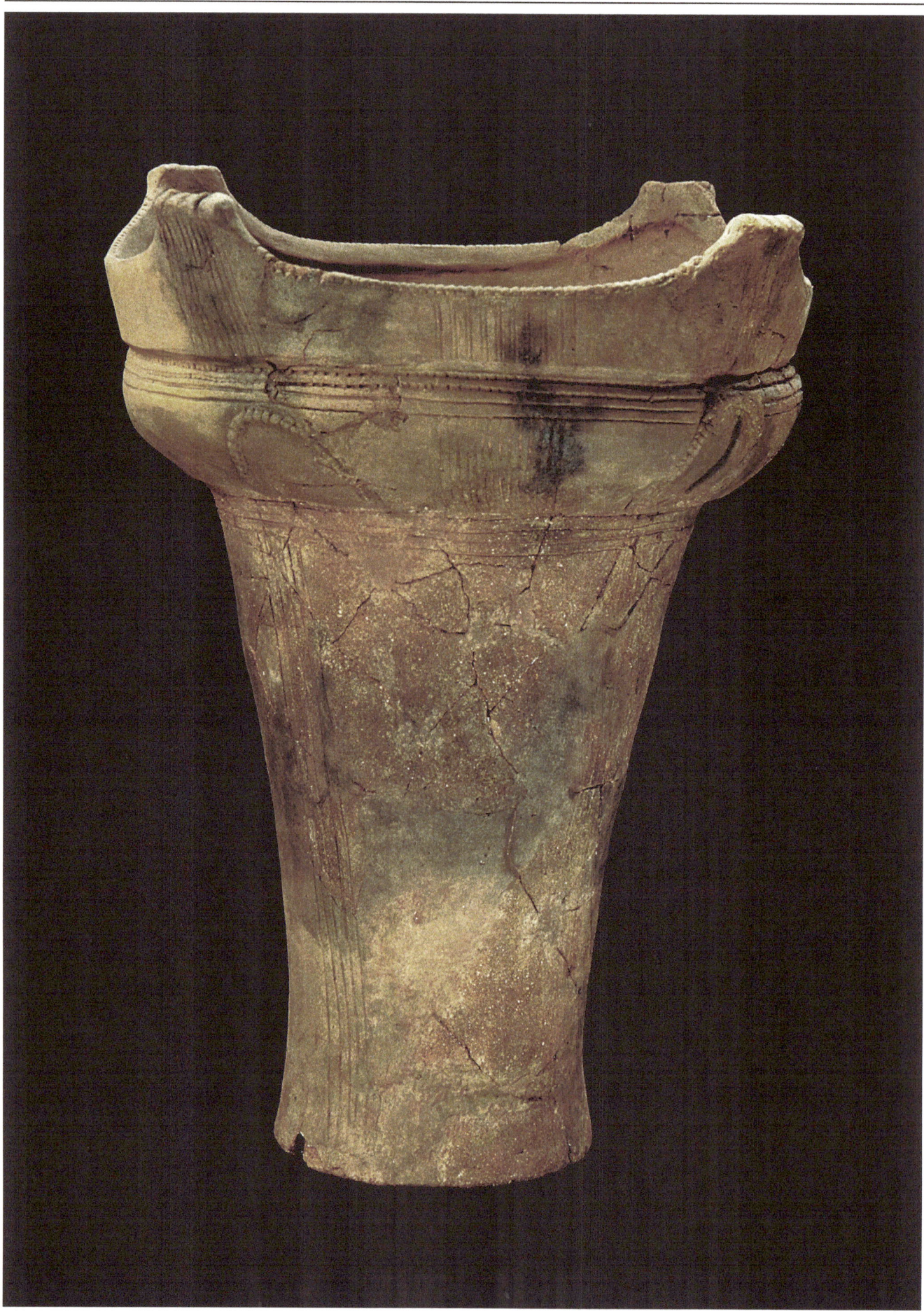

四方山形口縁深鉢（しほうやまがたこうえんふかばち）

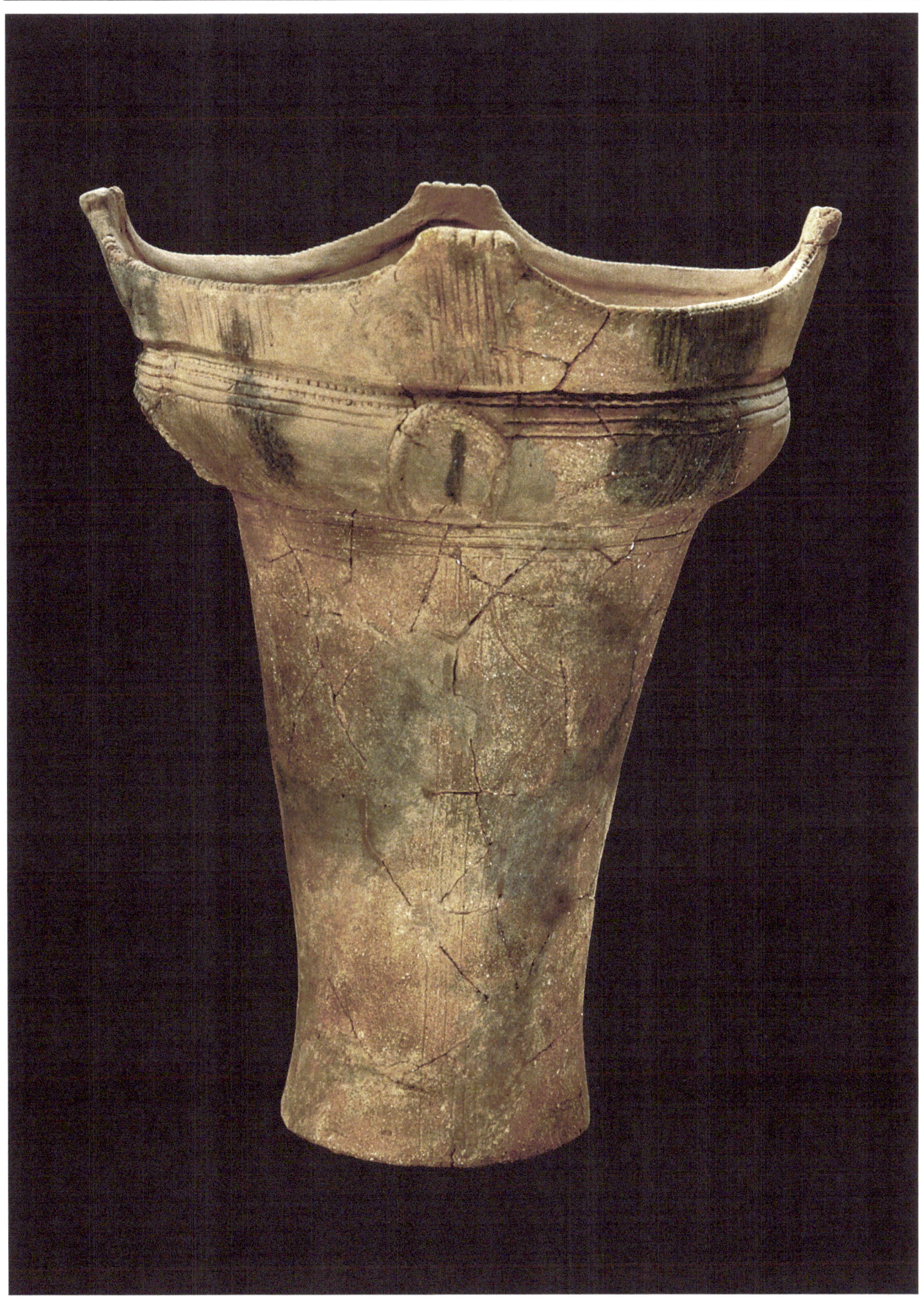

蛇文蒸器形深鉢（じゃもんむしきがたふかばち）
曽利遺跡（そりいせき）
井戸尻Ⅰ式
曽利第 48 号住居址
昭和 47 年（1972 年） 発掘
縄文中期中葉
約 4500 年前
37.7cm（高さ）, 26cm（口径）
曽利 - P101, No.91
ID-030

　48 号址から出土した井戸尻Ⅰ式土器 15 個のセットは、深鉢 9・蒸器 5・浅鉢 1 となっている。この蛇文蒸器形深鉢の直立する口縁・「く」字形に強く折れ曲がる肩部・筒のように立ちあがる胴部・それらを乗せてなおも最大限の曲率で張っている腰部から成る器形は、蒸器として申し分なく完成された姿である。施文も精妙をきわめており、これ以上の作品は望めない。

　筒形の胴から上が黒ないし紫がかった暗色調で、櫛形文のある腰部は茶褐色をして明暗を分けている。そして内面は、腰部の張り出しの直下にぐるりと厚いこびりつきが残っている。

（小林公明）

　土器の器面には這いあがる一対の蛇がみられるが、なんといっても見事なのは、大きく傘のように張り出した肩の上面であろう。真上から見ることを意図して施された文様は極めて精緻であり、円文や三叉文で埋められて一分の隙もない。

（井戸尻考古館　小松隆史）

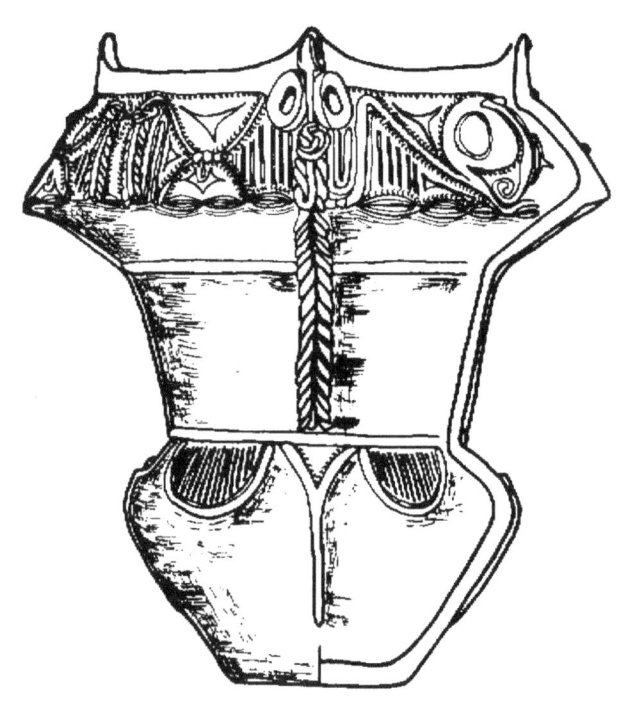

蛇文蒸器形深鉢（じゃもんむしきがたふかばち）

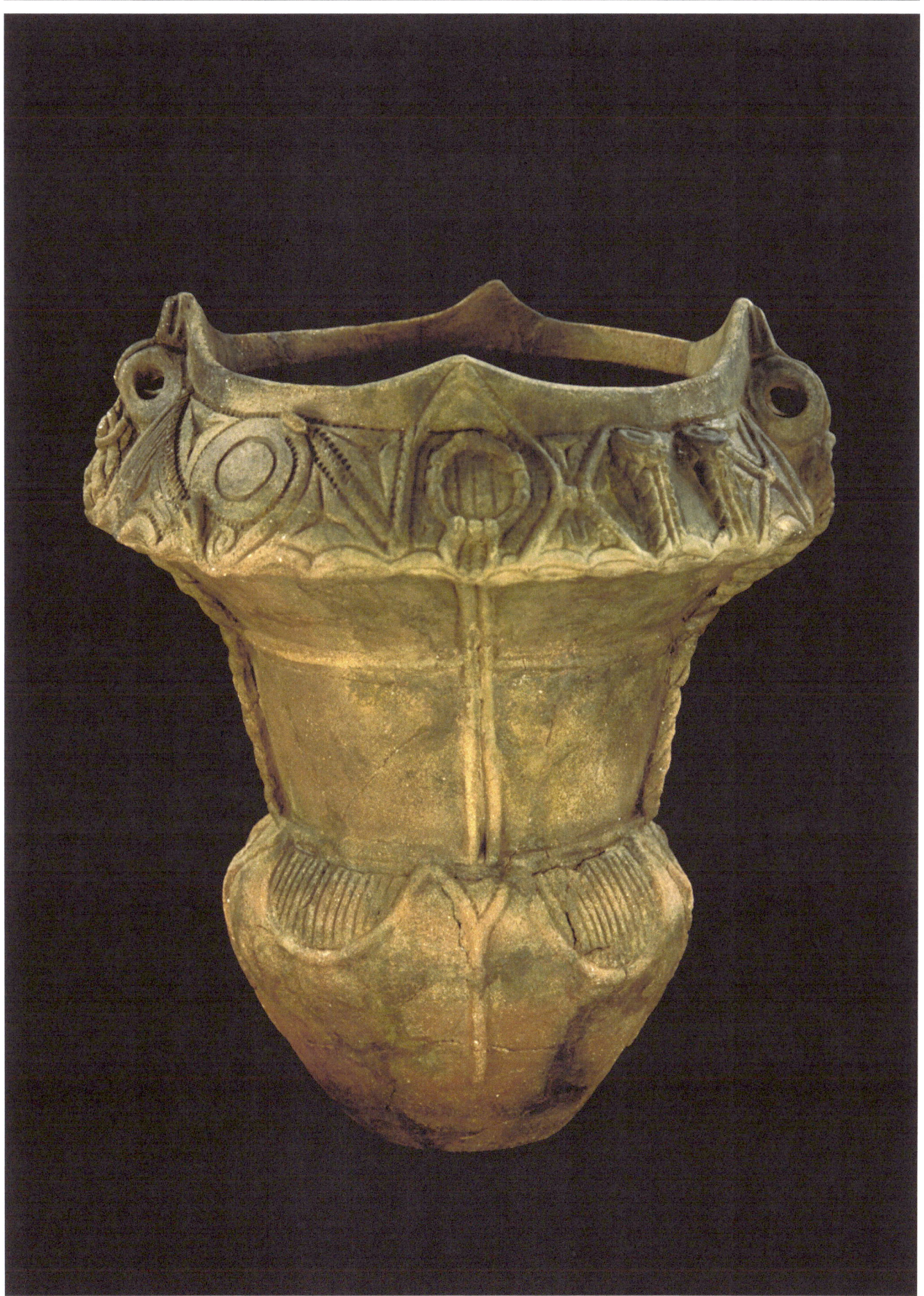

蛇文蒸器形深鉢（じゃもんむしきがたふかばち）

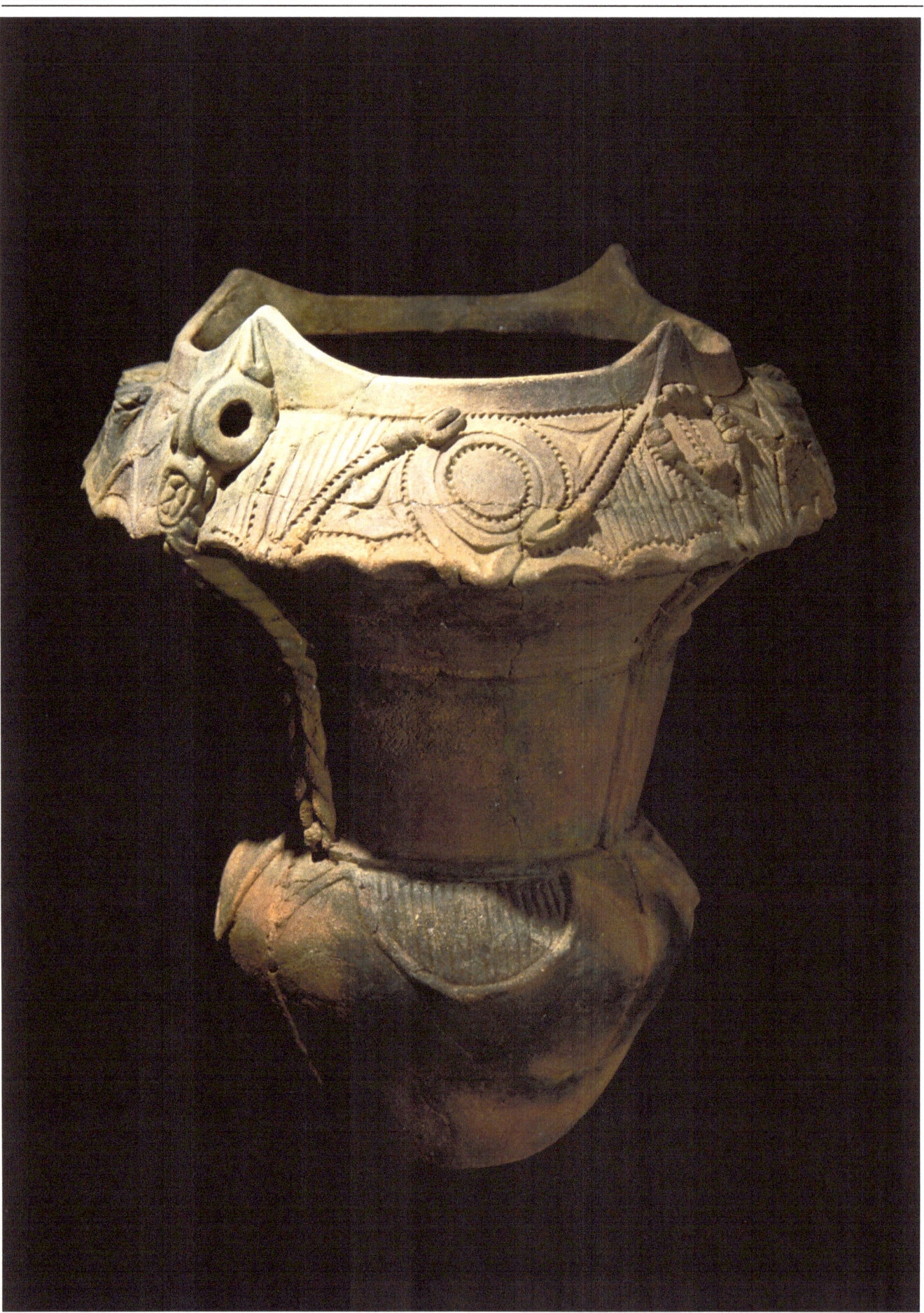

蛇文蒸器形深鉢（じゃもんむしきがたふかばち）

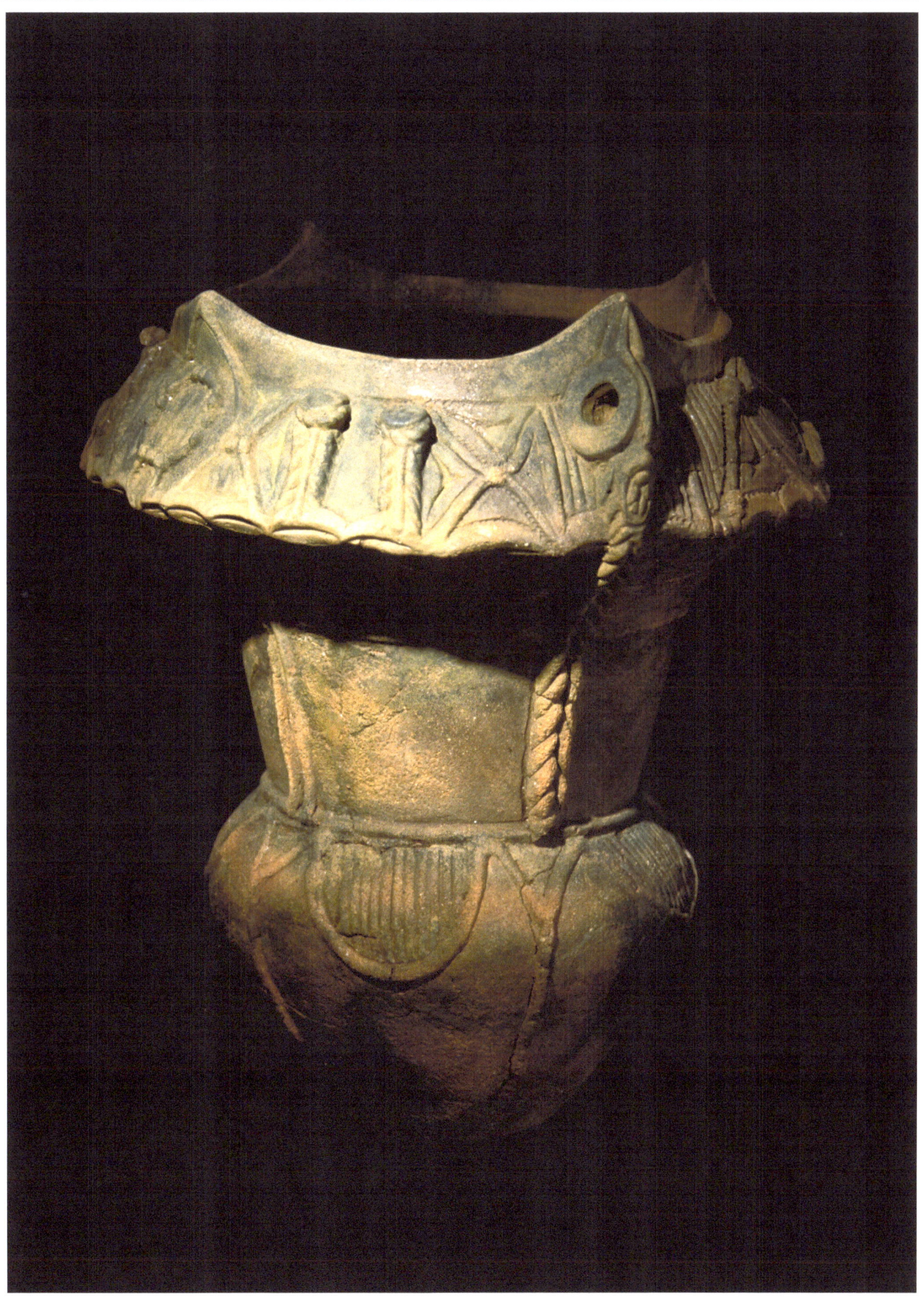

浅鉢（あさばち）
曽利遺跡（そりいせき）
井戸尻Ⅰ式
曽利第 51 号住居址
昭和 48 年（1973 年） 発掘
縄文中期中葉
約 4500 年前
17.5cm（高さ）, 39cm（口径）
曽利 - P185,No.140
ID-072

　この浅鉢は、2 個所に補修孔を有し、底をかなり欠失している。器面は黒斑をまじえた黄褐色をして、外壁はやや膚荒れし、胎土の白い長石粒が目につく。内壁の上半部には黒漆の痕跡がわずかに認められ、下半から底にかけては全体にいくらか消耗している。外傾する口唇には 2 対の浅い切れこみと沈文が施されている。　　　　　　　　　（小林公明）

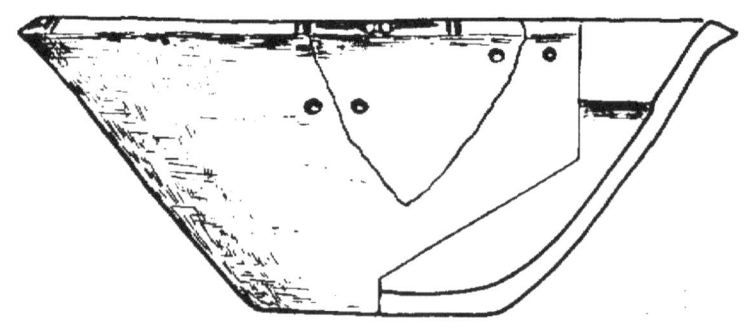

浅鉢（あさばち）

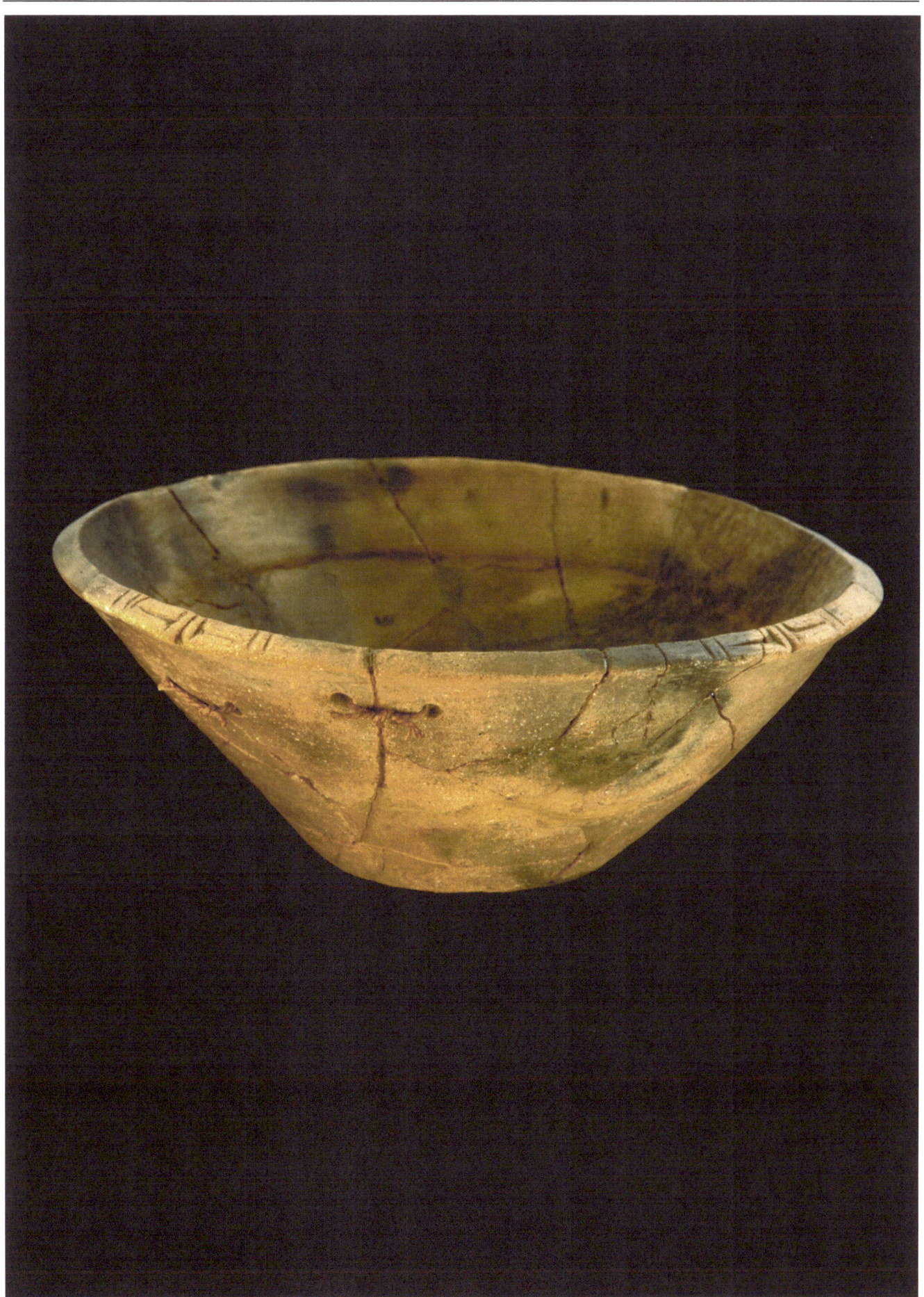

浅鉢（あさばち）

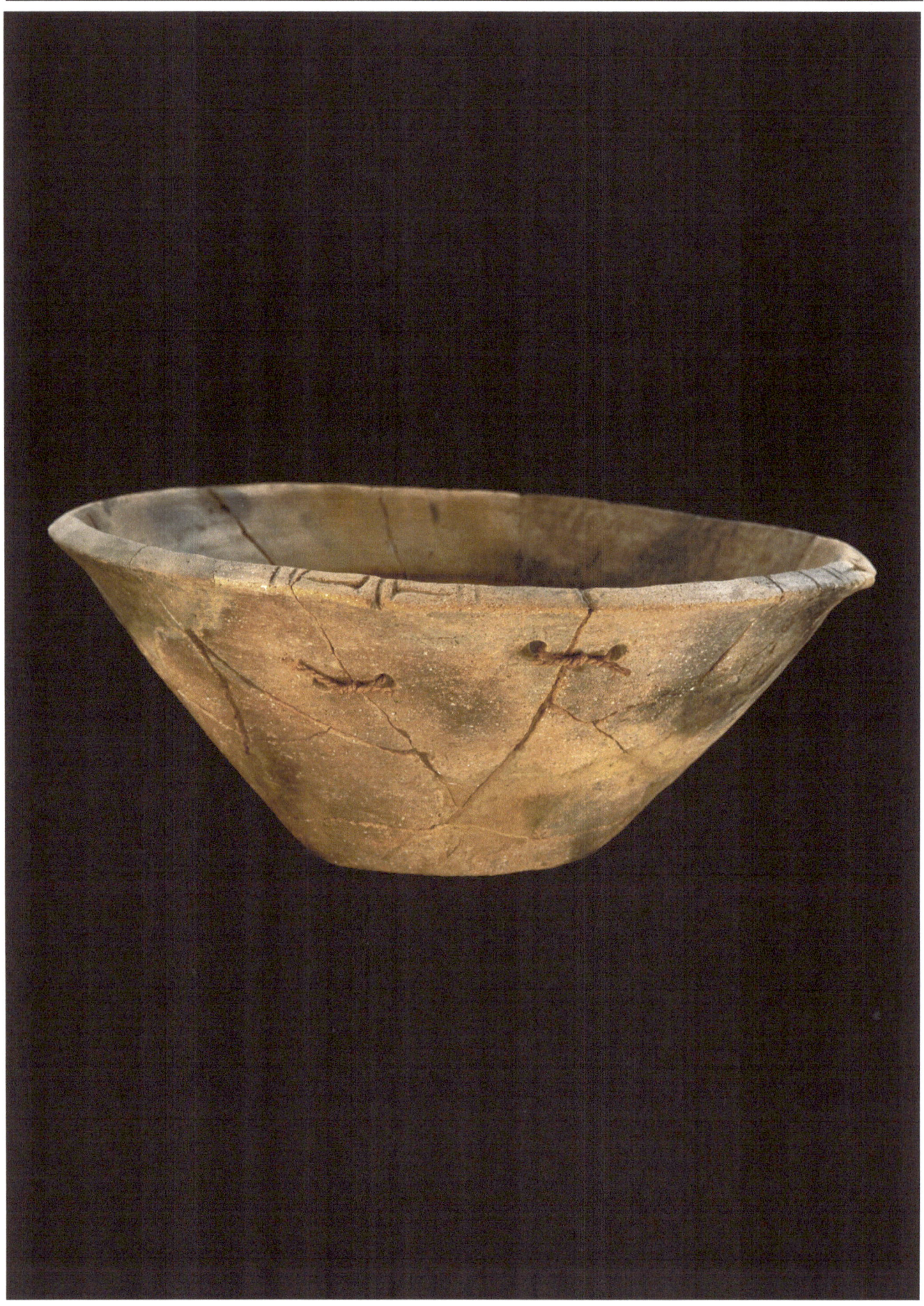

浅鉢（あさばち）

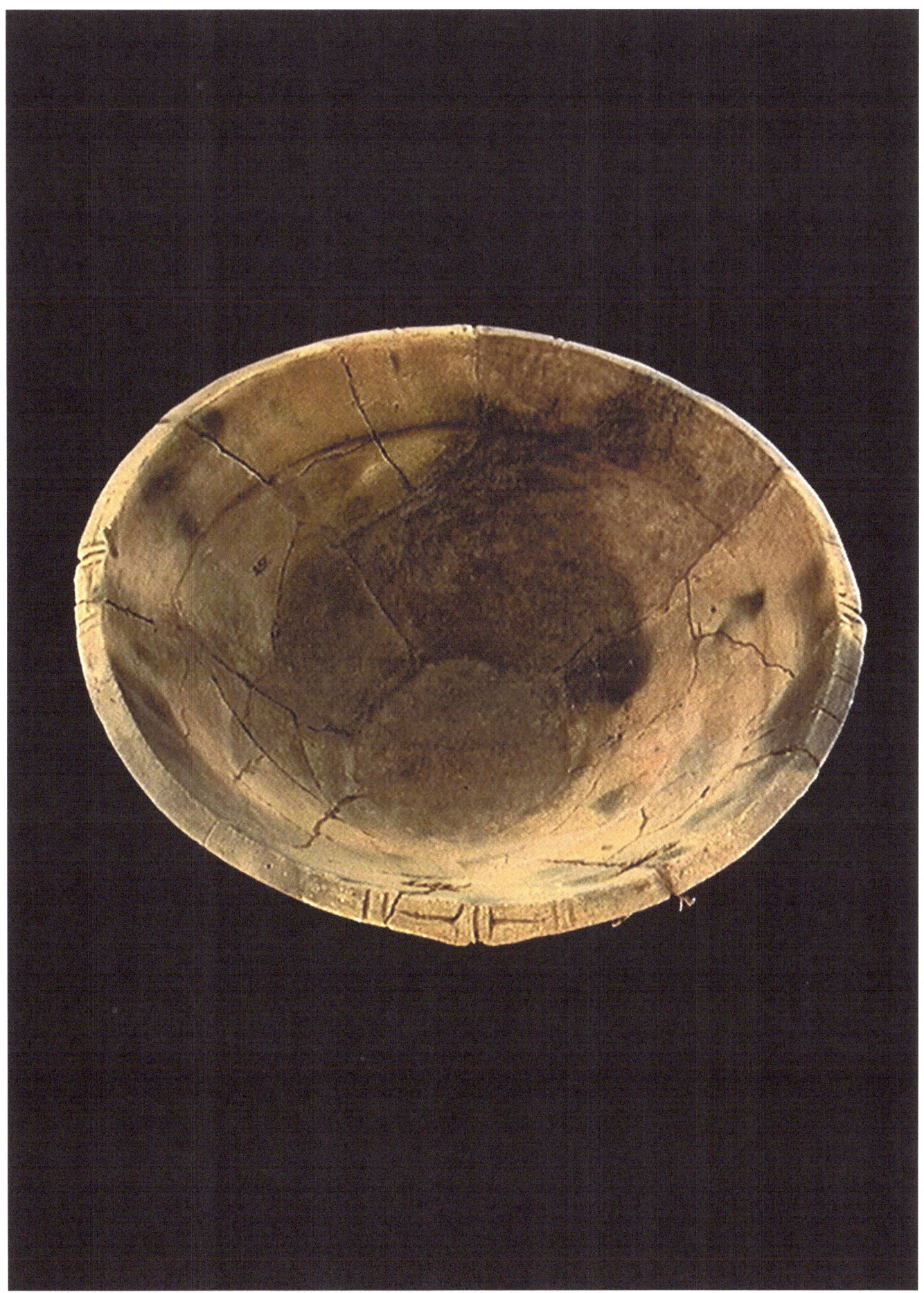

台付浅鉢（だいつきあさばち）
曽利遺跡（そりいせき）
新道式
曽利第66号住居址
昭和48年（1973年）　発掘
縄文中期前葉
約4800年前
20.8cm（復元高）, 26cm（口径）
曽利 - P180, No.114
ID-070

　この台付浅鉢は、台脚部と片方の把手を欠失しているが、本体は完形を保って住居西側の生活面上に据えられていた。

　口唇はゆったりと巾広く、盆のように直立する口頸部の外壁は弓なりに反って、深い三角押引文が引かれ、一対の双耳状把手が付けられている。片方の口唇には滑車状耳飾のような造形の短い円筒が立ち、他方は失われて不明だが、おそらく顔面把手級の把手が付いていたと推察される。

　いくぶん膚荒れしているが器壁は厚く堅緻に仕上げられ、黒〜橙褐色を呈している。基本形態をとらえるならば、これはもう高杯と呼んでも差し支えないだろう。

（小林公明）

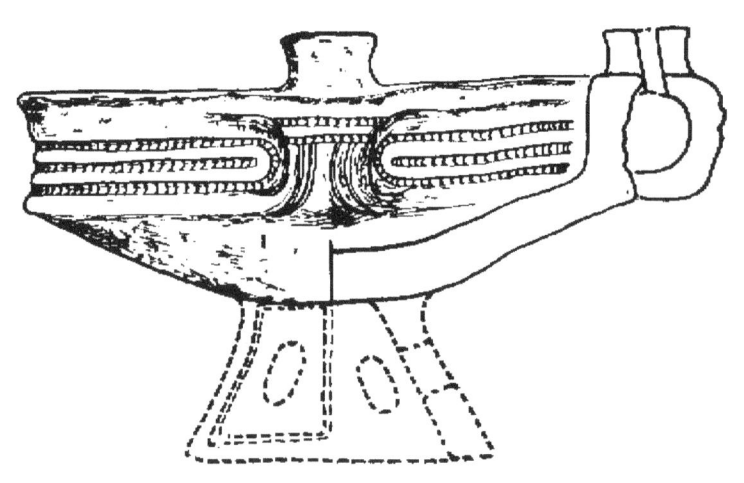

台付浅鉢（だいつきあさばち）

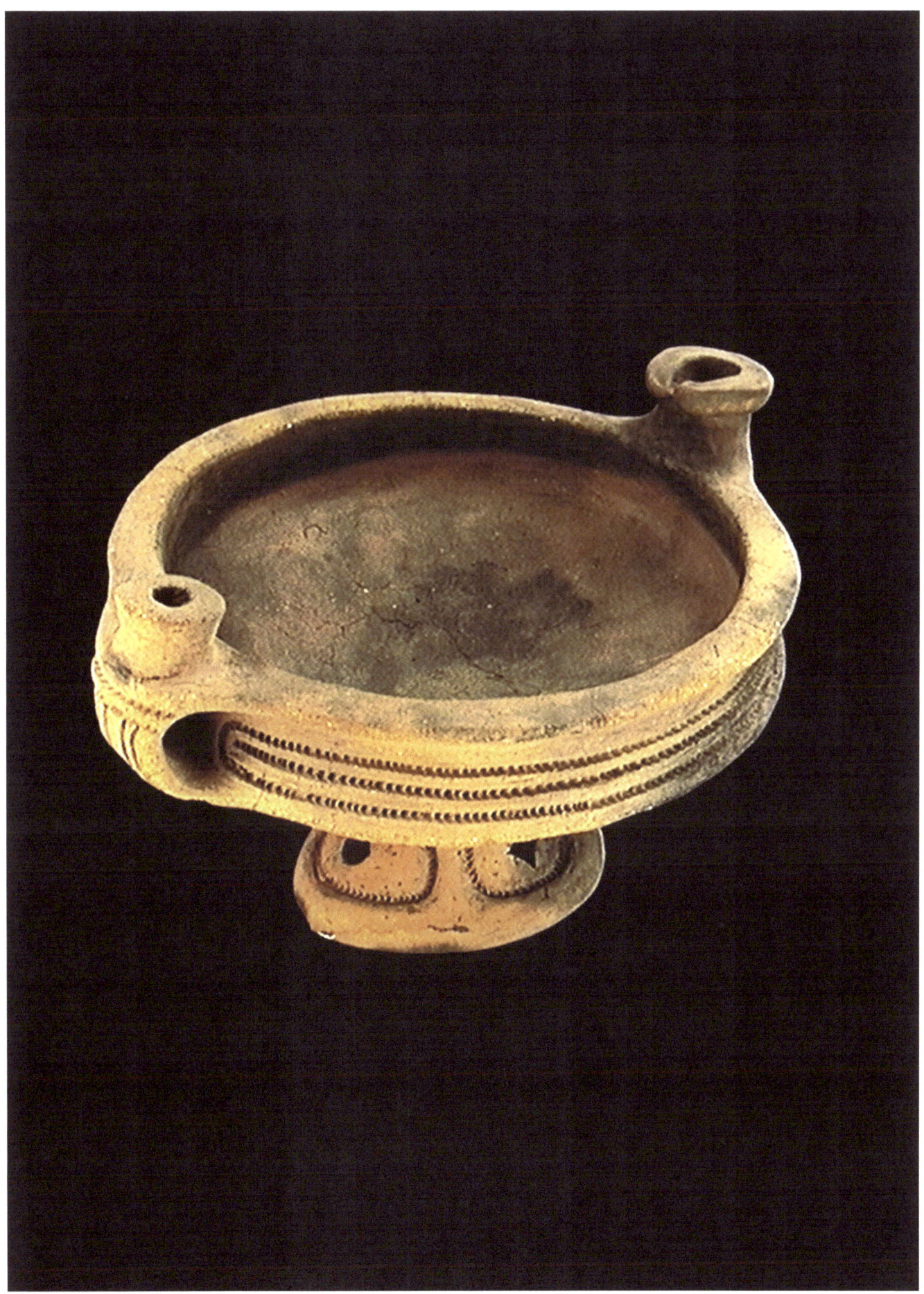

台付浅鉢（だいつきあさばち）

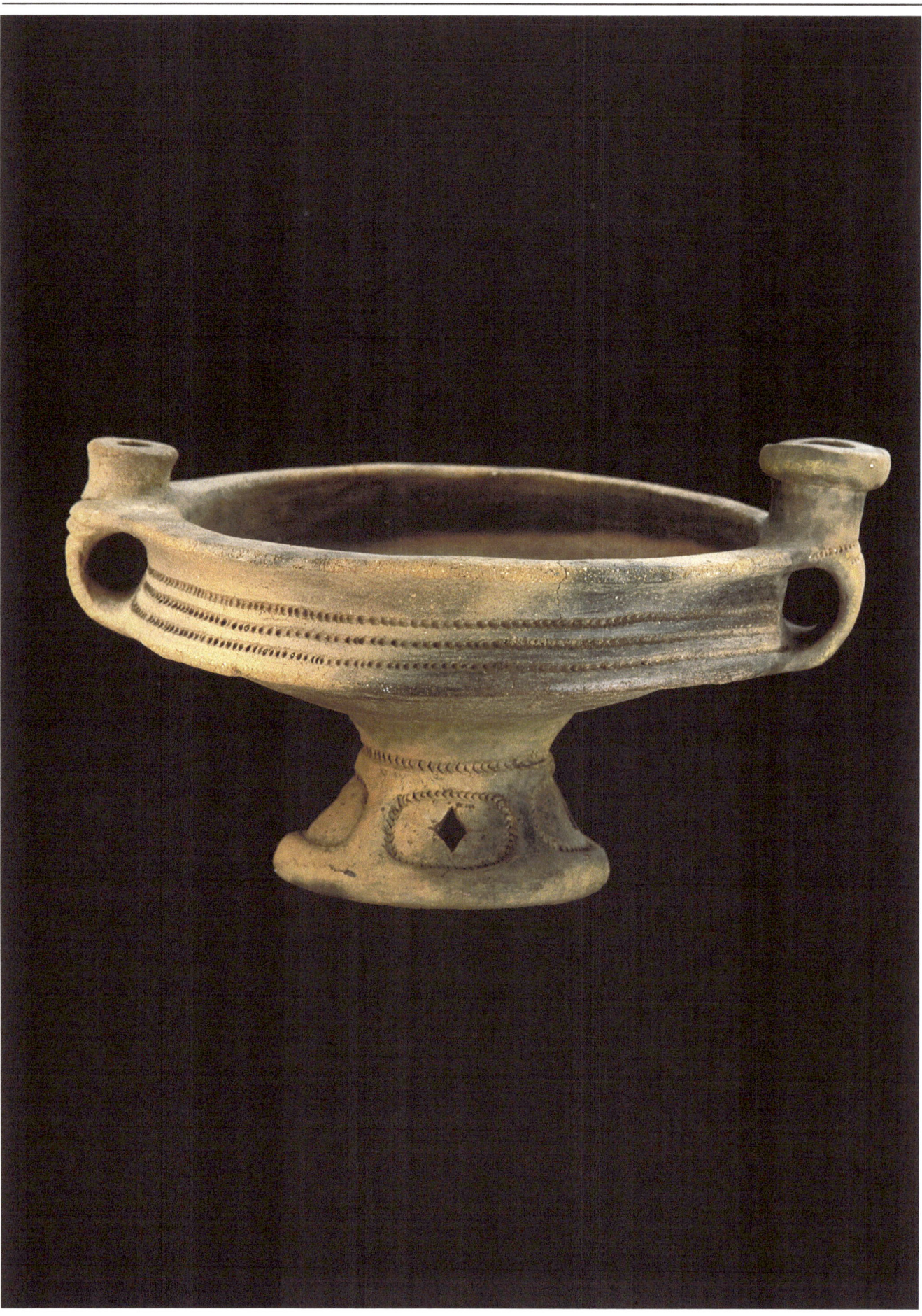

台付浅鉢（だいつきあさばち）

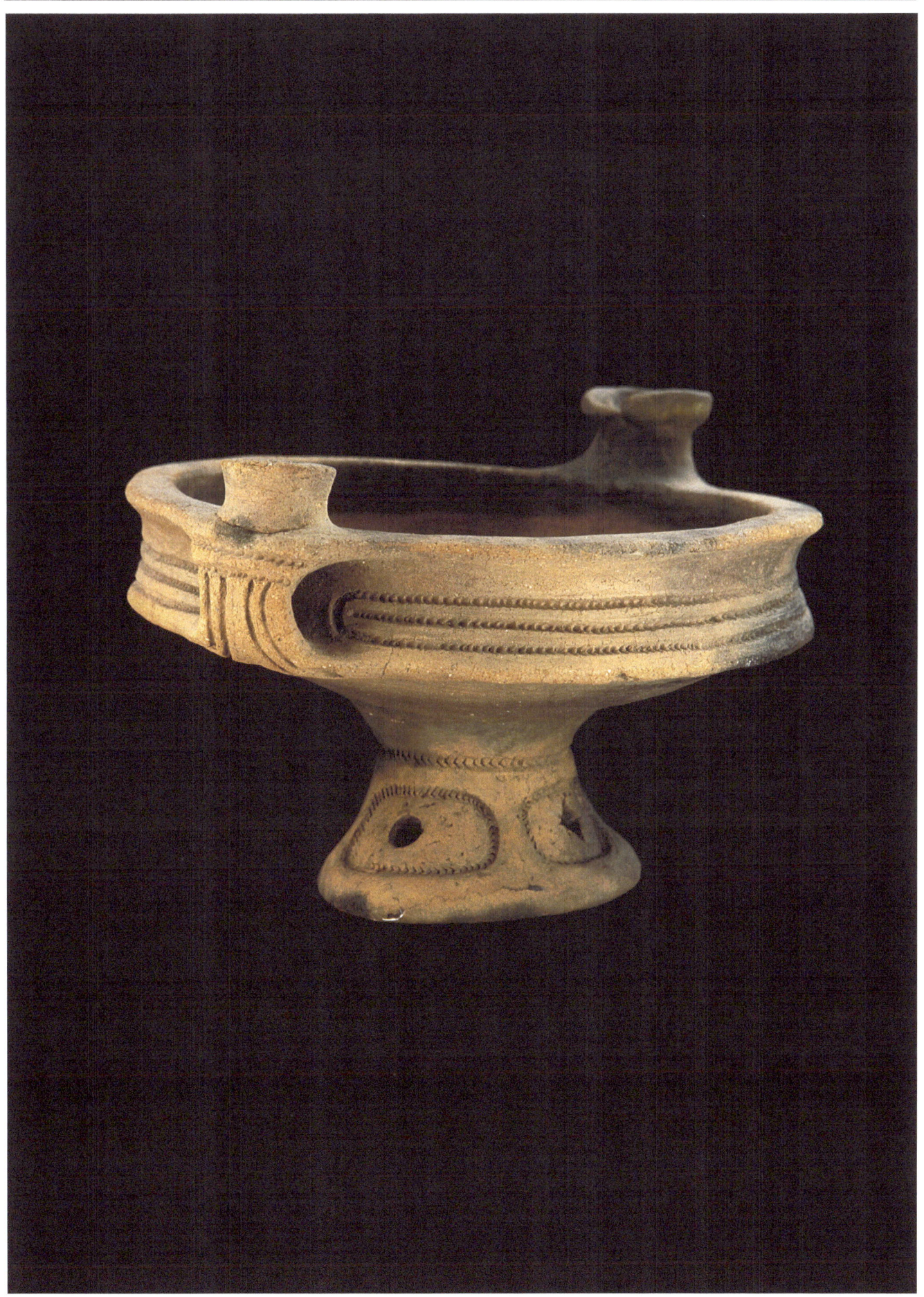

蛙文・みづち文大深鉢（かえるもん・みづちもんおおふかばち）
曽利遺跡（そりいせき）
藤内Ⅰ式
曽利第76号住居址
昭和44年（1969年）　発掘
縄文中期中葉
約4700年前
55.5cm（高さ）, 38cm（口径）
曽利 - P181, No.124
ID-056

　この大深鉢は、54号址の石囲炉の直下付近に押しつぶされていた大型の深鉢である。器形は桶のごとく単純で水平な口唇がタガのようにめぐっている。外壁の上半部は煤のしみつきで暗褐色、下半の楕円区画文帯から下は対照的に茶褐色をしているが、内壁はきれいでお焦げの痕は残っていない。施文は、器壁を6階に分けて、キャタピラ文とジグザグ沈線による横帯文様と素文帯とを見事に調和させているが、これは紛れもなく一幅の絵画であろう。殊に異様な感じで目を奪うのは、カエルのような動物が器面にへばりついている姿である。主体部は器面からとび出た半球状の造形で、潜水艇の円窓のような両眼があけられ、3本指の前肢と長々と曲折する後肢とがのび出ている。このカエルは表裏に一対いて、その左右にはこれまた一対のワニのような怪異な動物文様が描かれている。後者は藤内Ⅰ式土器を特徴づけるほどにしばしば見られるものであり、前者は新道期に時としてタコの頭のような表現でその祖形を見ることがある。
（小林公明）

　この土器が報告されたのち、蛙は月を表徴し、当時の世界観の中核をなす図像であることが知られることとなった。いま一方の動物文様は水界に棲む観念上の生物であると解釈し、古語である「みづち」と呼ぶことにしたが、その意味するところには謎が多い。
　蛙と月に関する研究は小林公明によるものであるが、この土器の図像解釈や文様構成については、武藤雄六や田中基による先駆的な研究がある。
（井戸尻考古館　小松隆史）

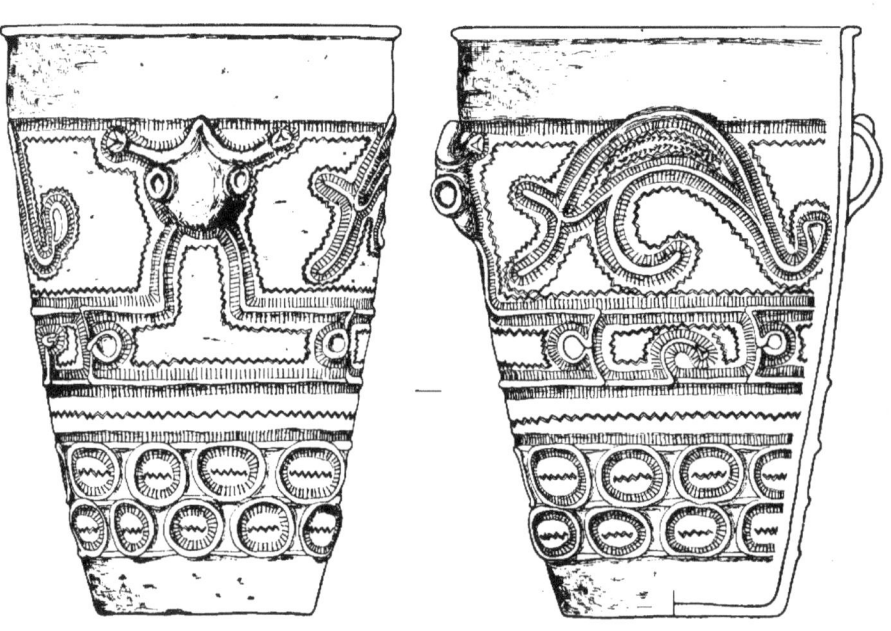

蛙文・みづち文大深鉢（かえるもん・みづちもんおおふかばち）

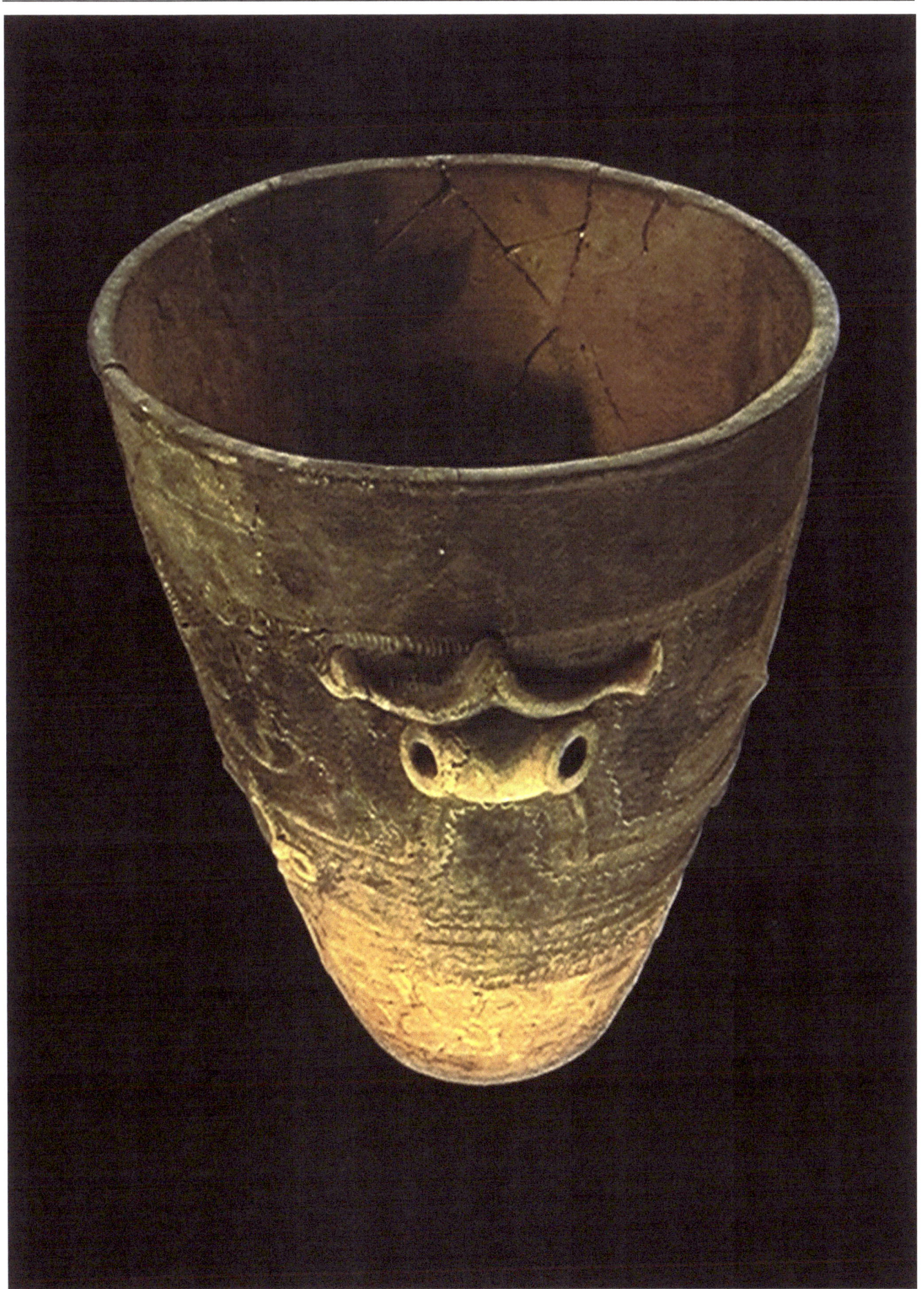

蛙文・みづち文大深鉢（かえるもん・みづちもんおおふかばち）

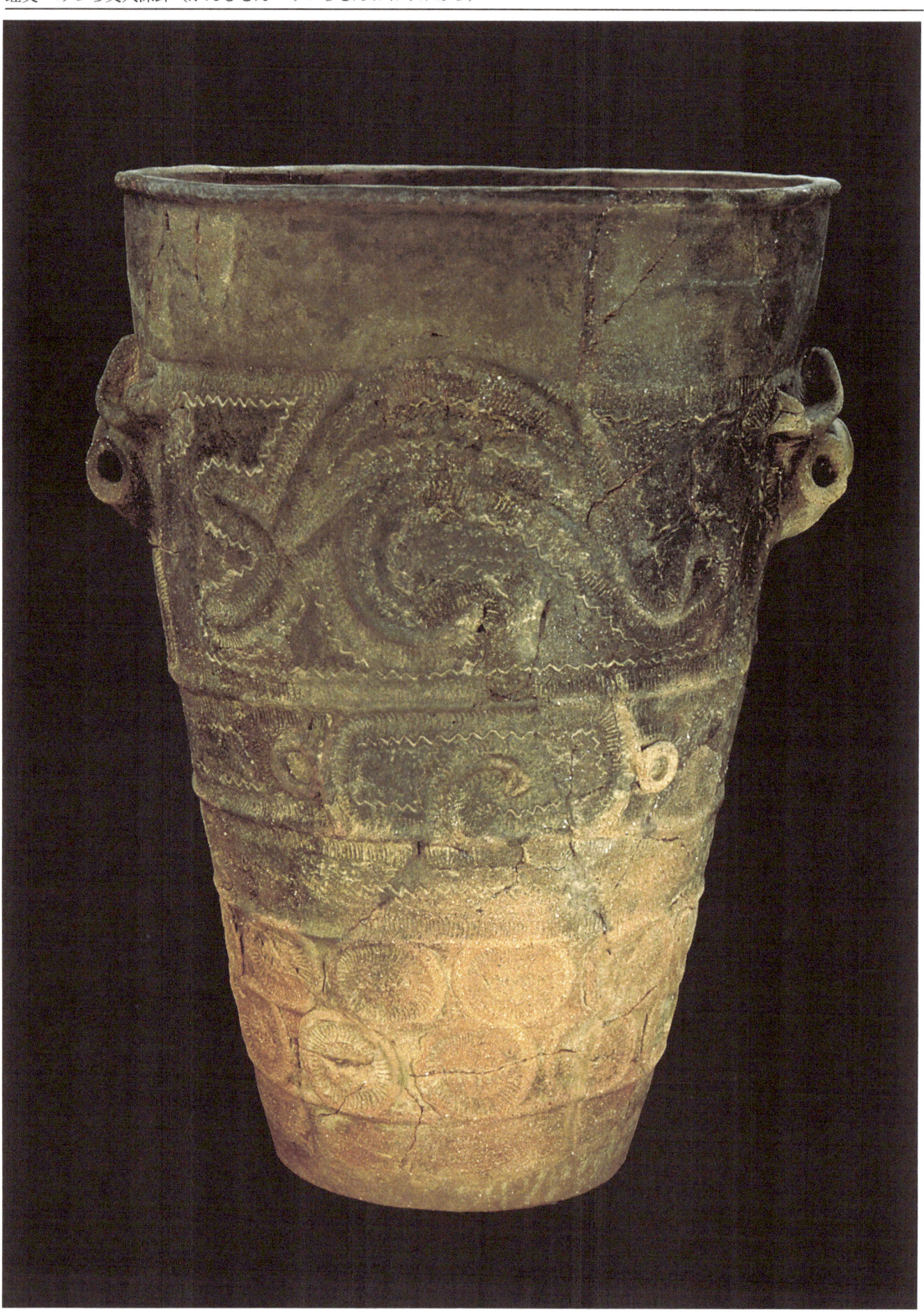

蛙文・みづち文大深鉢（かえるもん・みづちもんおおふかばち）

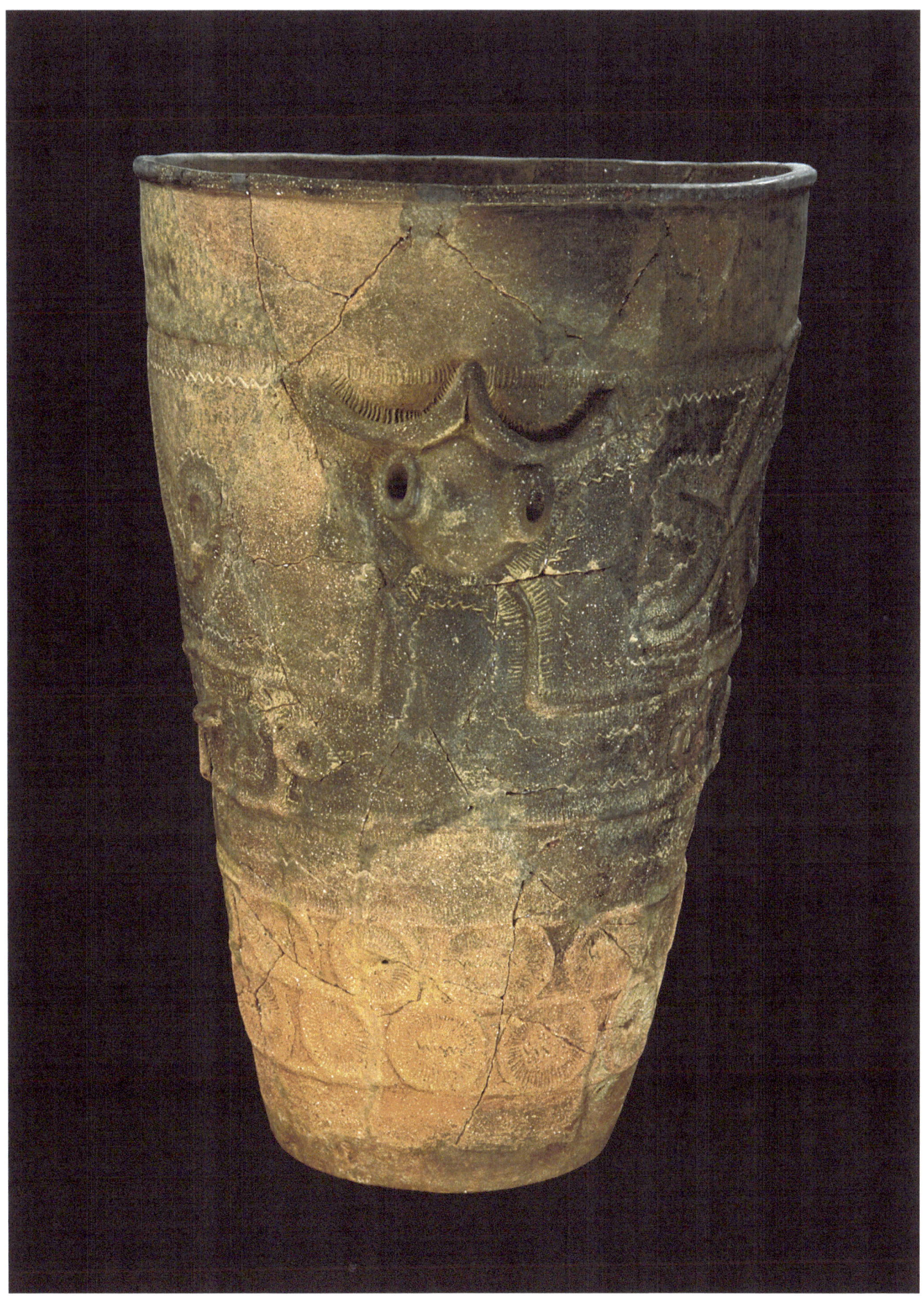

月牙文浅鉢（げつがもんあさばち）
曽利遺跡（そりいせき）
藤内Ⅰ式
曽利第80号住居址
昭和60年（1985年）発掘
縄文中期中葉
約4700年前
15cm（高さ）, 31.5cm（口径）
未報告
ID-066

　浅鉢としては一般的な大きさで、極めて均整の取れた形。とりわけ、内面の無文の中にただ一箇所、彫の深い蛇を思わせるような鋭い図像が目をひく。
　蛇は不死の生物として三日月を表徴することから、夕刻の西空、山の端に突き刺さるかのような、三日月を表現しているものと解釈される。

（井戸尻考古館　小松隆史）

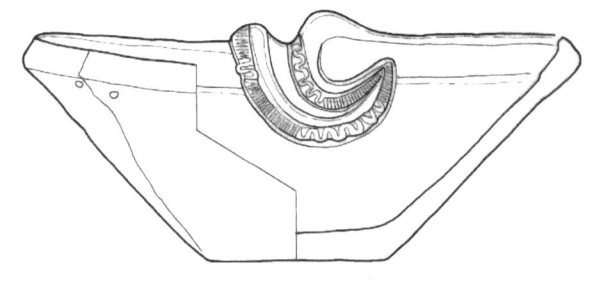

月牙文浅鉢（げつがもんあさばち）

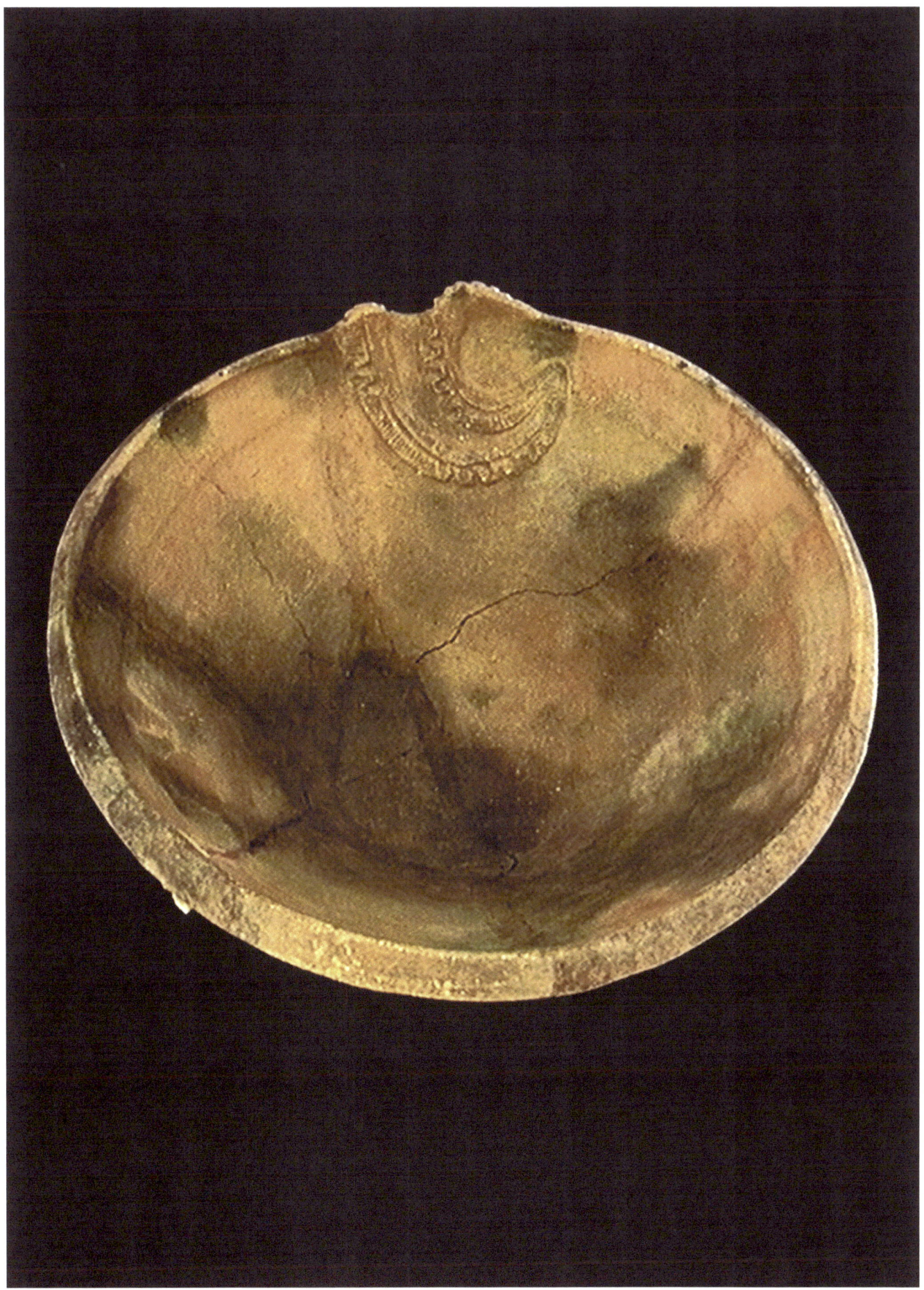

月牙文浅鉢 (げつがもんあさばち)

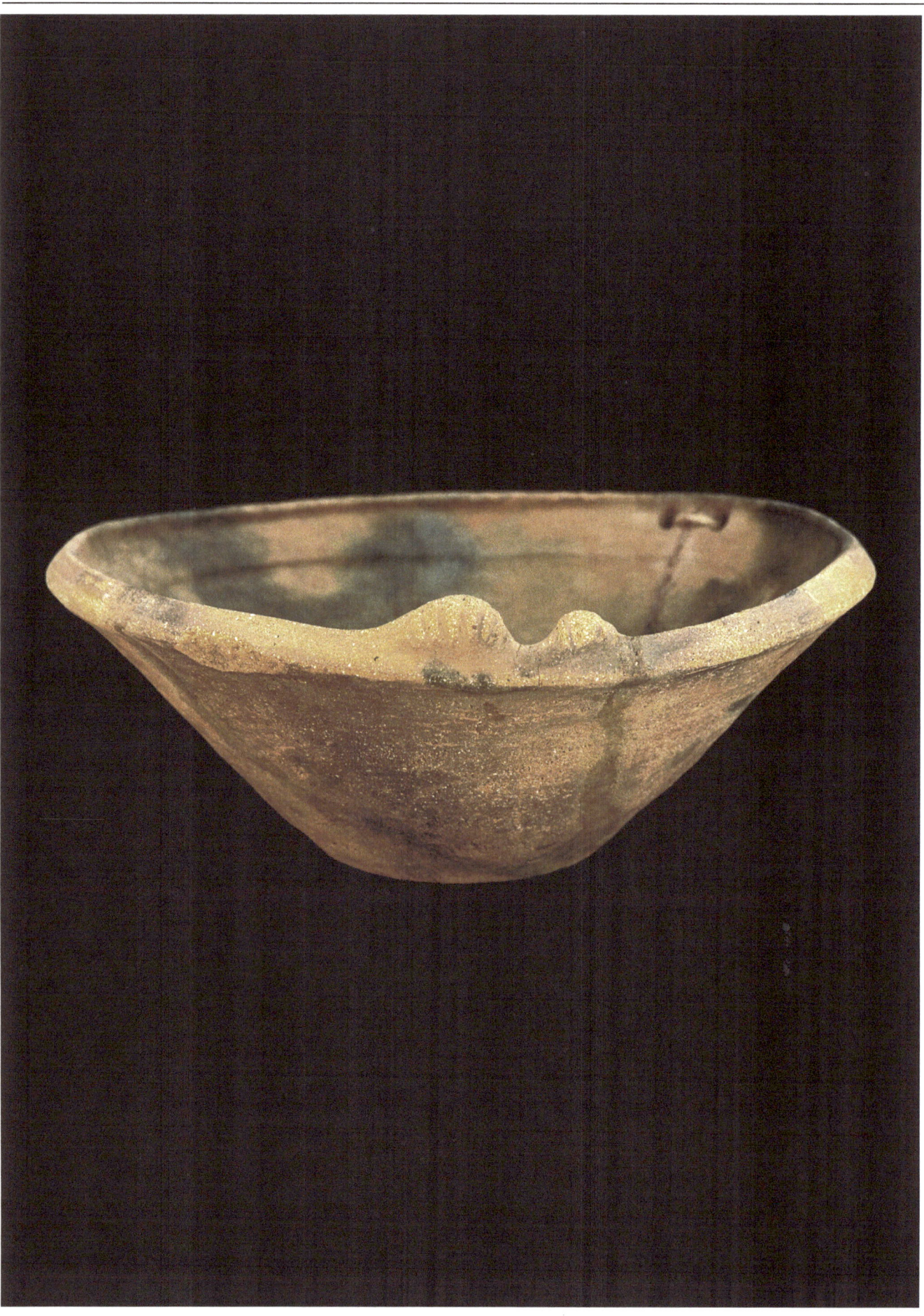

月牙文浅鉢（げつがもんあさばち）

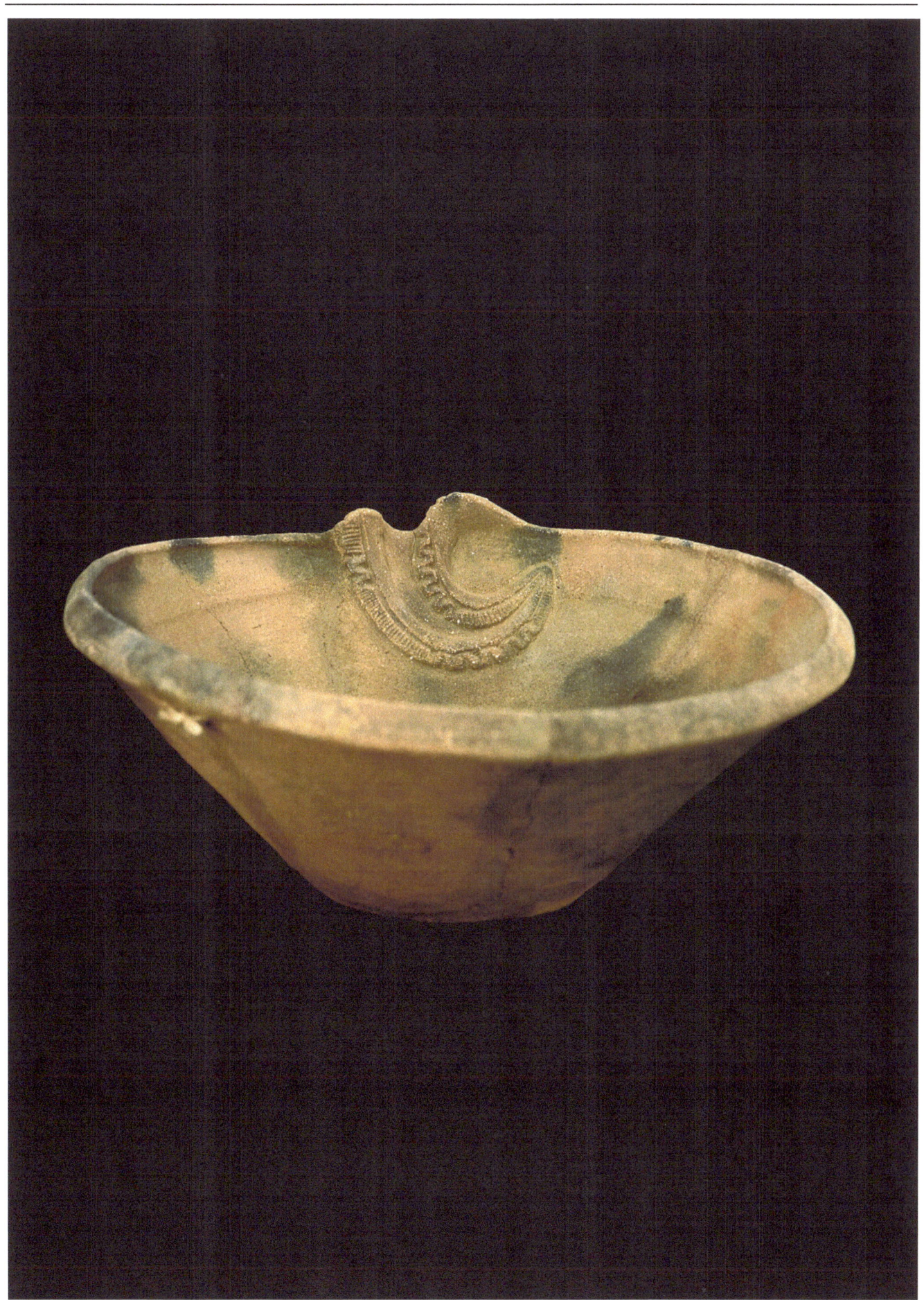

蛙文深鉢（かえるもんふかばち）
立沢遺跡（たつざわいせき）
曽利Ⅰ式
立沢第2号住居址
昭和27年（1952年）　発掘
縄文中期中葉
約4400年前
20.8m（高さ）, 18.6cm（口径）
井戸尻 - P104, No.398
ID-043

　この蛙文深鉢は、曽利Ⅰ式のきわめて良好な標本である。しかし、曽利Ⅰ式には、こうした口縁に施文が重なる構成はあまり見られず、次の曽利Ⅱ式の特徴へつながっていく。
　口縁にある小さな角状突起は、渦巻文把手からの退化であることがわかる。
（藤森栄一）

　口縁には大小の尖峰状の鋭い突起が八つみられる。大きいもの四つには双眼の表現があり、どうやら蛙文の系譜を引くものらしい。
　また胴部の隙間を綾杉状に充填する手法は、諏訪盆地から伊那谷地域に採られる「唐草文系」の特徴である。
（井戸尻考古館　小松隆史）

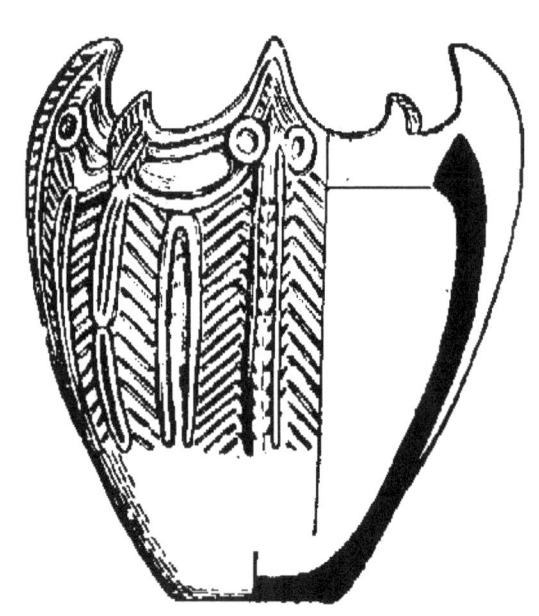

双蛙文深鉢（かえるもんふかばち）

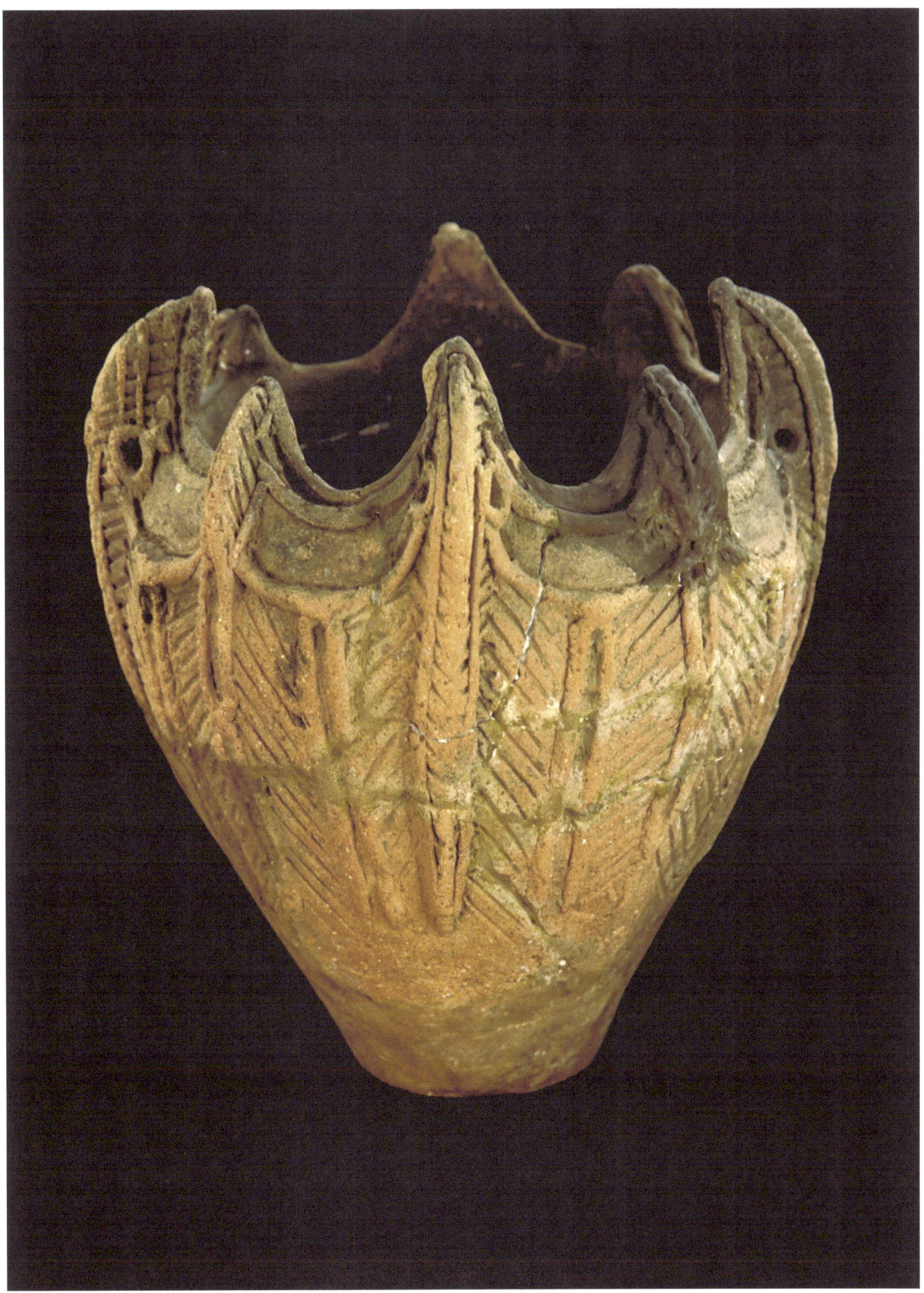

双蛙文深鉢（かえるもんふかばち）

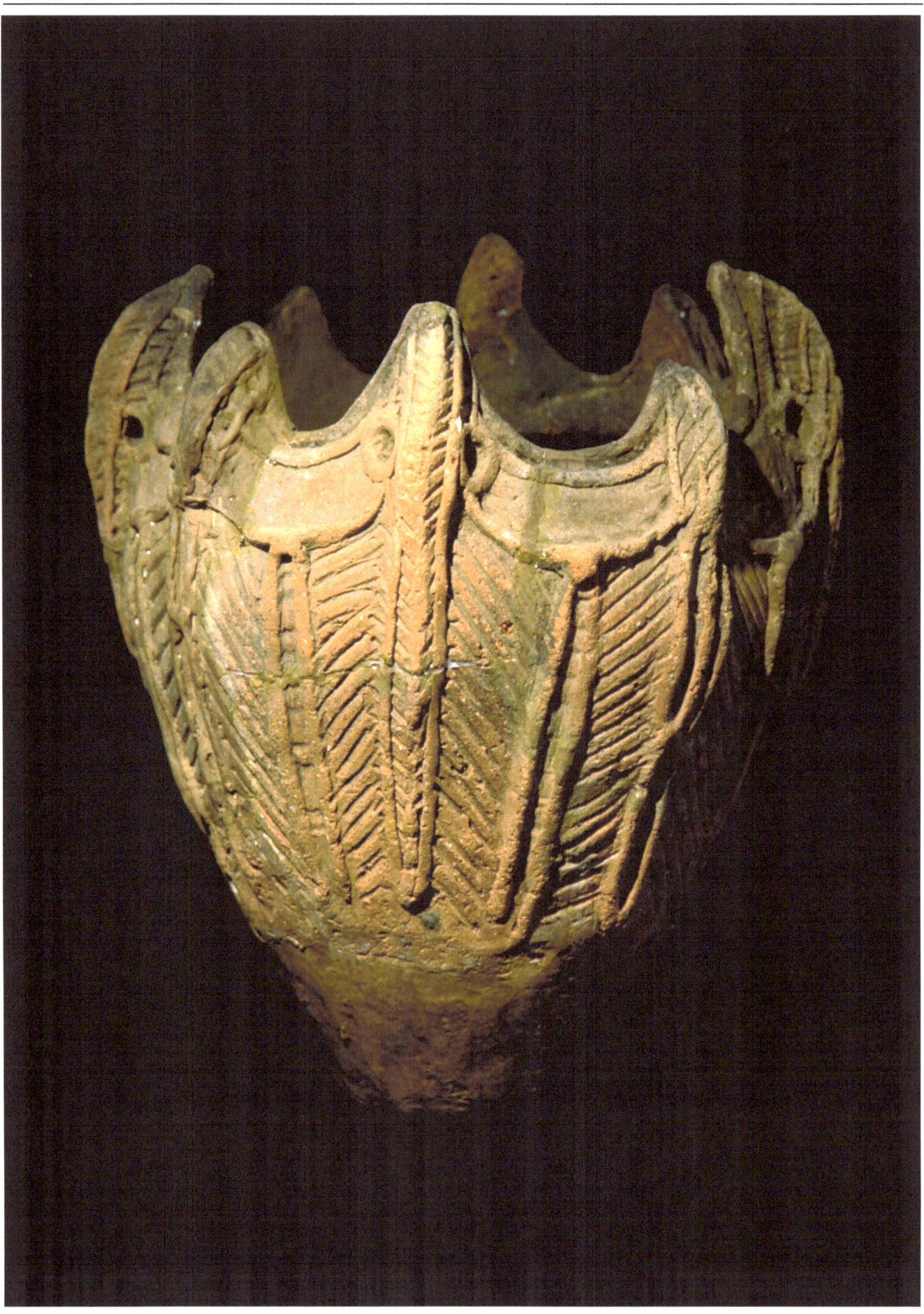

双蛙文深鉢（かえるもんふかばち）

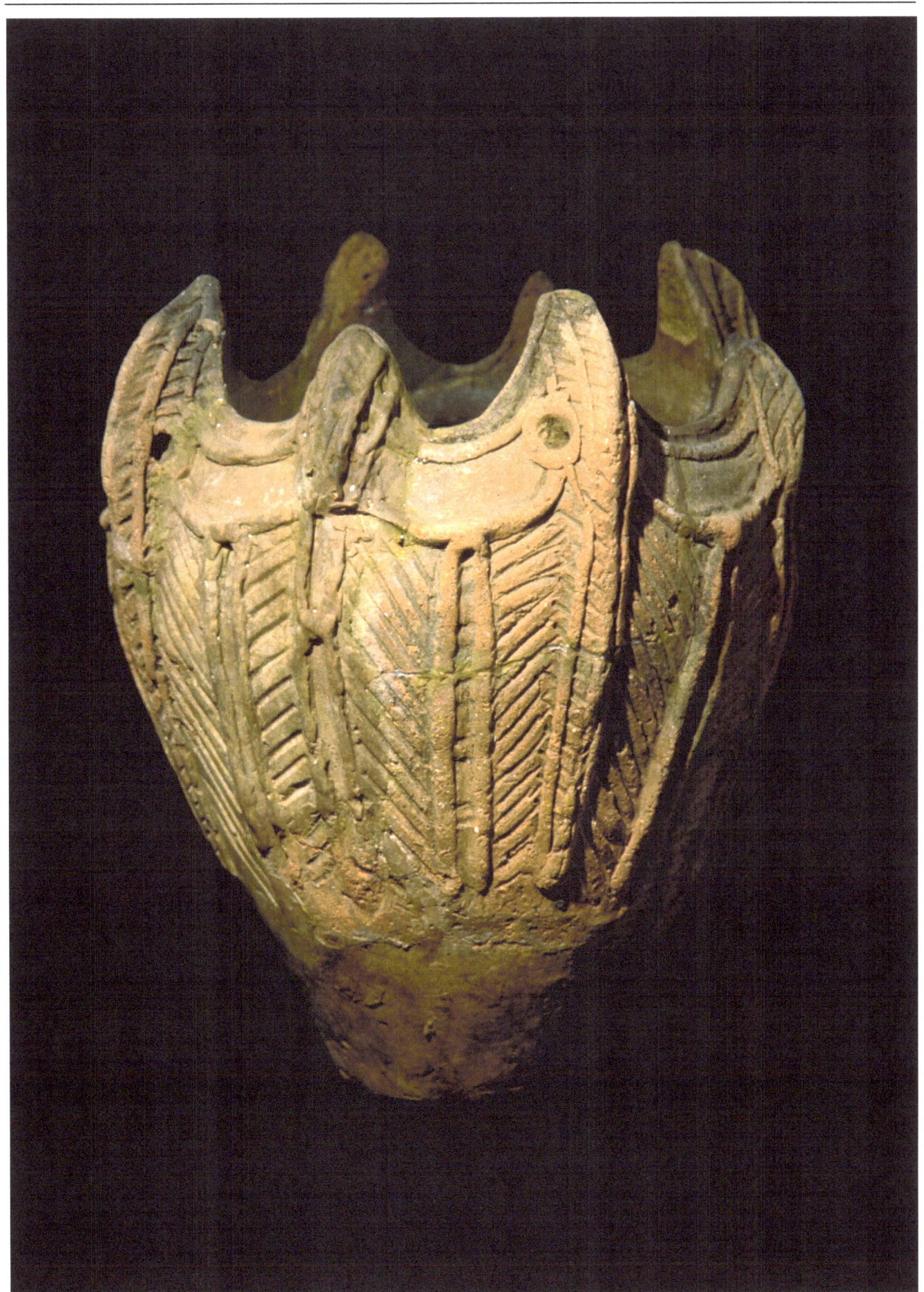

双眼深鉢（そうがんふかばち）
立沢遺跡（たつざわいせき）
藤内 I 式
立沢第 1 号住居址
昭和 27 年（1952 年）発掘
縄文中期中葉
約 4700 年前
42cm（高さ）, 34cm（口径）
井戸尻 - P88, No.220
ID-010

　この双眼深鉢は、新道式、狢沢式などの技法的な伝承を抽象文土器の施文要素をもつて横帯区画文的に構成しているといえる複雑な土器である。勝坂式特有の、くの字に張る屈折底部のでてくるのは、この型式からのことであるらしい。器形としては煮炊き用だが、あまり痕跡は見られない。

（藤森栄一）

　いまこの土器を見ると、文様帯をもつ口縁部が大きく開く器形は、新道期からの系統を引くものであることがわかる。全体が 5 段の文様体で構成されており、口縁の上に突出して中空の双眼が造形されている。その左眼は貫通しているが、右眼の後方はふさがれている。図像論的には、両の眼で朔と望月、あるいは日月を表すとみられ、目玉が日月になったイザナギの姿を彷彿とさせる。

（井戸尻考古館　小松隆史）

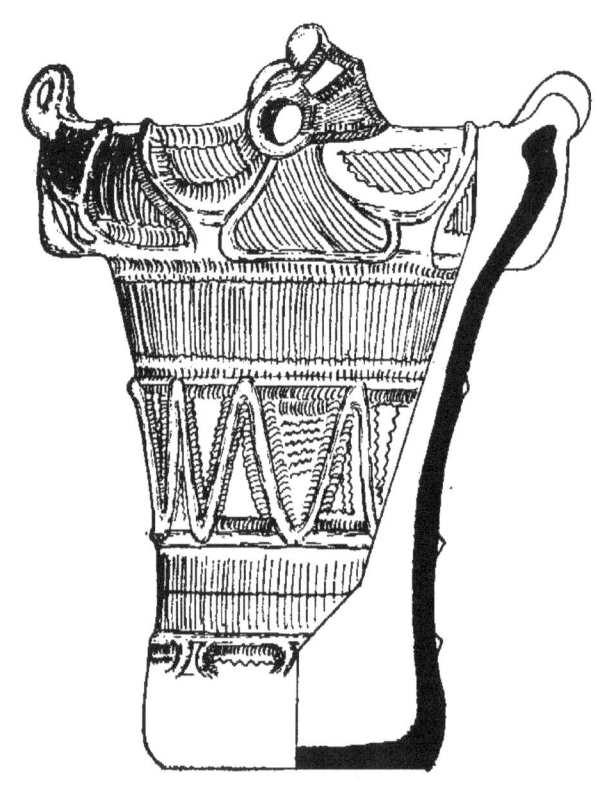

双眼深鉢（そうがんふかばち）

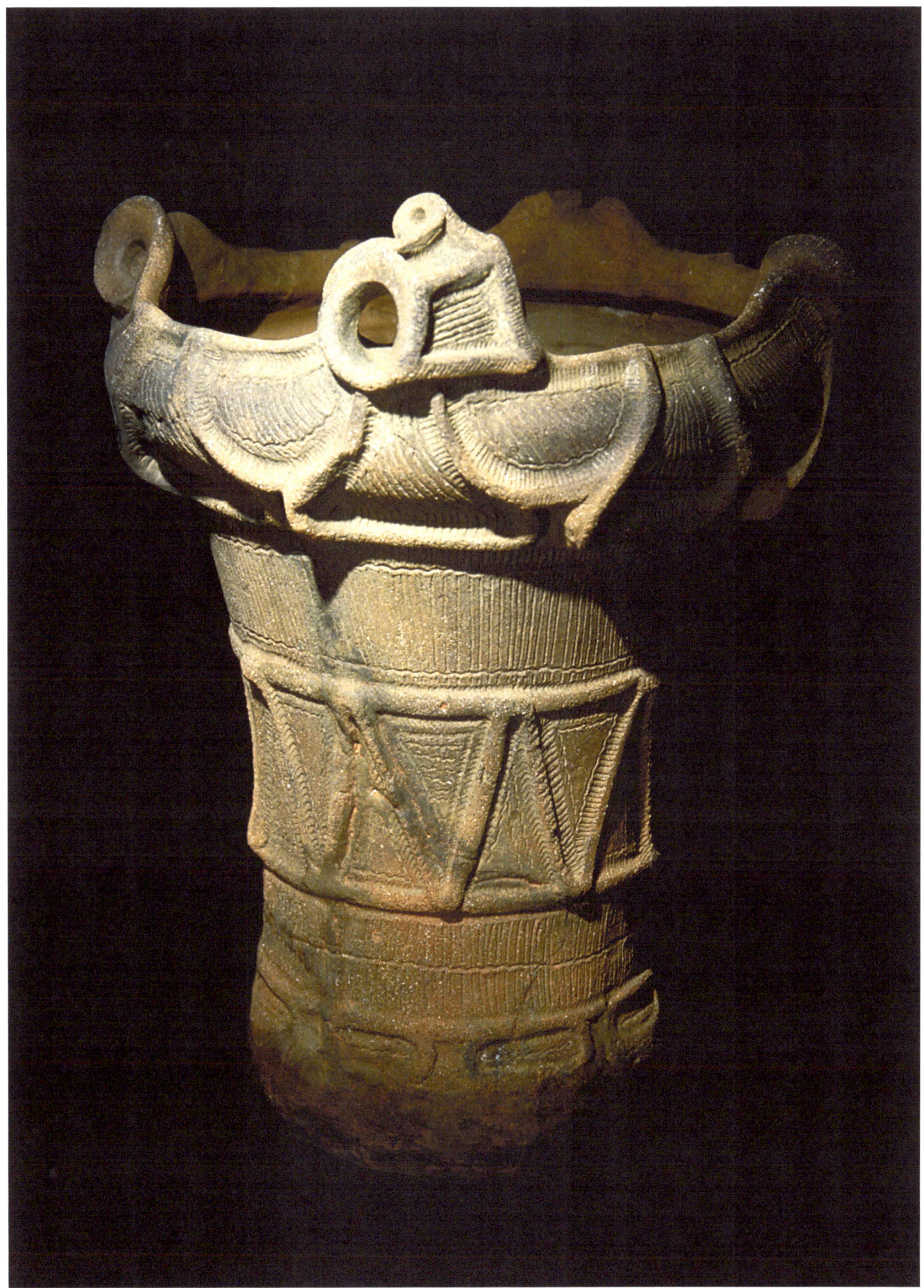

双眼深鉢（そうがんふかばち）

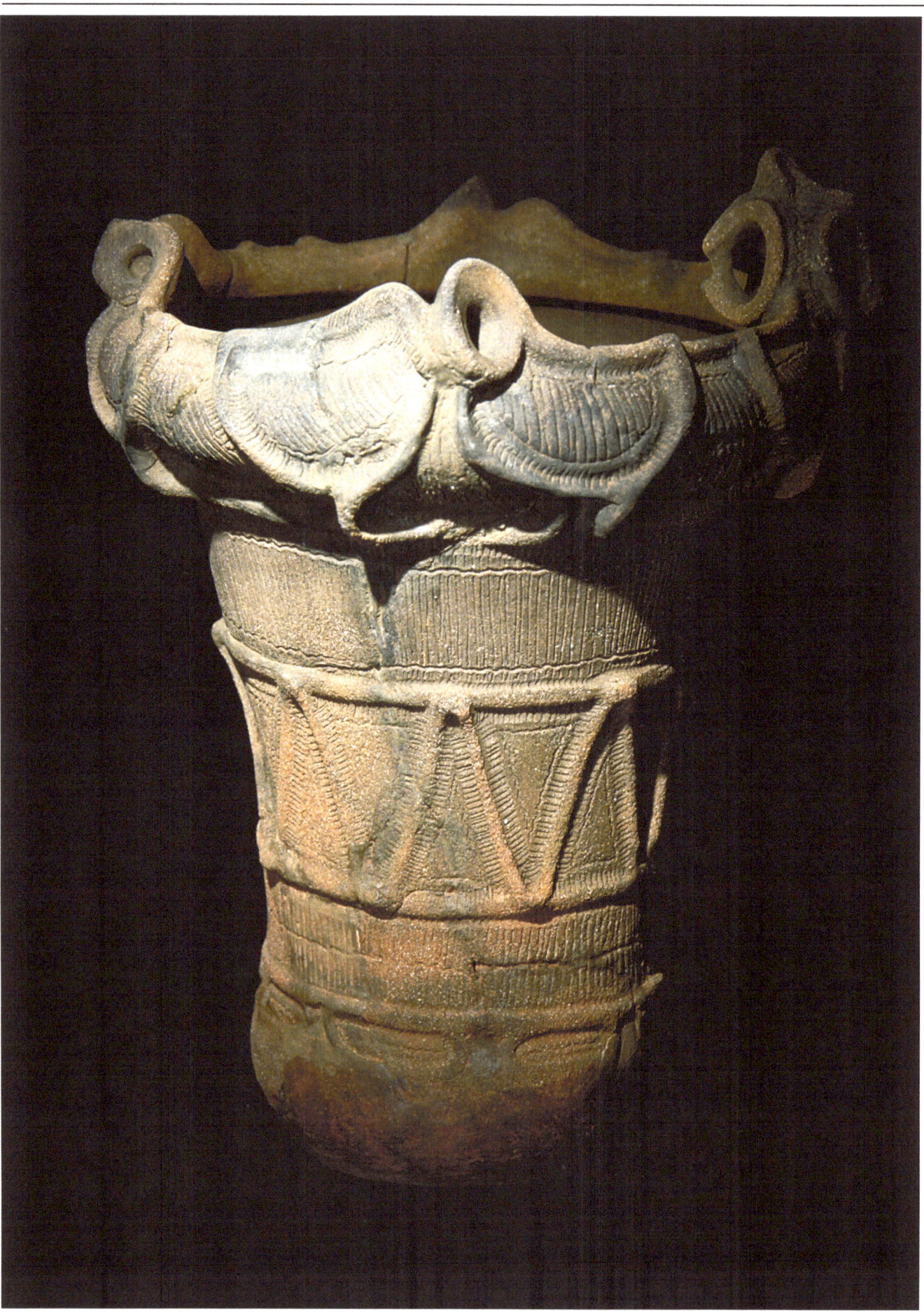

双眼深鉢（そうがんふかばち）

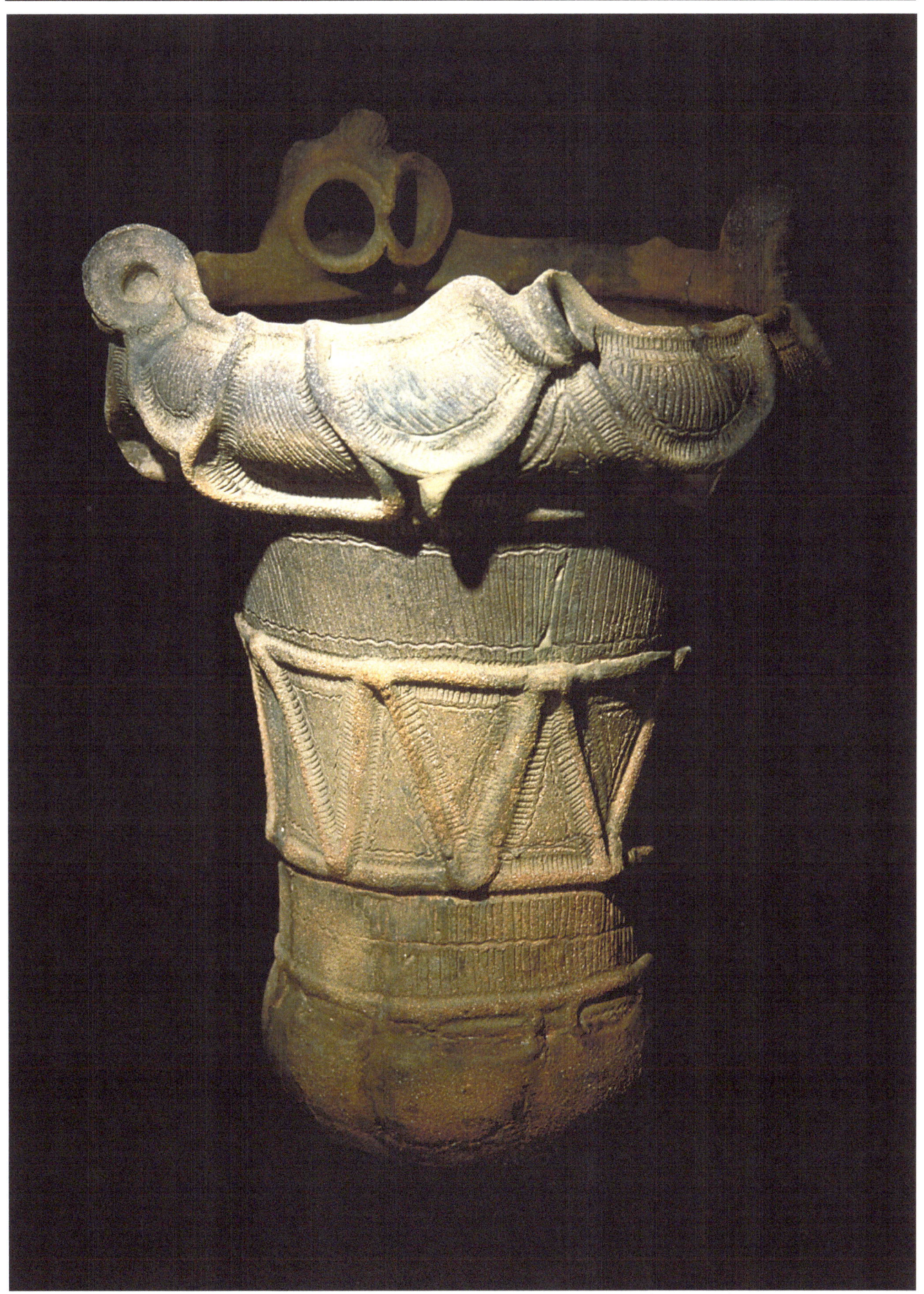

猪龍文深鉢（ちょりゅうもんふかばち）
大畑遺跡（おおばたけいせき）
曽利Ⅰ式
1区2層
昭和39年（1964年）発掘
縄文中期中葉
約4400年前
37.3cm（高さ），27cm（口径）
長野県考古学誌No3
ID-042

　井戸尻Ⅲ式期に発生した方形口唇に、半肉彫の三叉文、渦巻文、肉彫隆帯文などの施文された山形把手1個が付けられ、把手の反対側で波状に隆起した部分では、口唇の内側に渦巻文、半肉彫三叉文が、外側には、ミミヅク把手の突起の上に、蛇体装飾と、2本の沈線が、口頸部には結節状浮隆文4本がめぐる。その中間には、肉彫隆帯文が屋根上にめぐる。把手並びに、蛇体装飾のある突起の下には、渦巻突起があって、その下部から5本の結節状浮隆懸垂文が下る。この懸垂文のうち2本は、中途から別れて同心円文に変る。懸垂文によって二分割されている胴部は、平行沈線が強くひかれそれぞれ半分は、三叉文・渦巻・同心円文の組合せとなっている。

（武藤雄六）

　煮炊き用の深鉢。内円外方形をなす口縁に猪と蛇の複合動物のような頭が頂かれ、変形した蛇体文様が垂れ下がっている。対応する側にも同様な蛇文がある。
　蛇体には嬰児の腕の表現が重ねられており、その腕が大きく湾曲して円文と渦巻文を抱え上げている。これは『井戸尻の縄文土器3巻』にみる"古い月を抱く新しい月"の図像と同義である。

（井戸尻考古館　小松隆史）

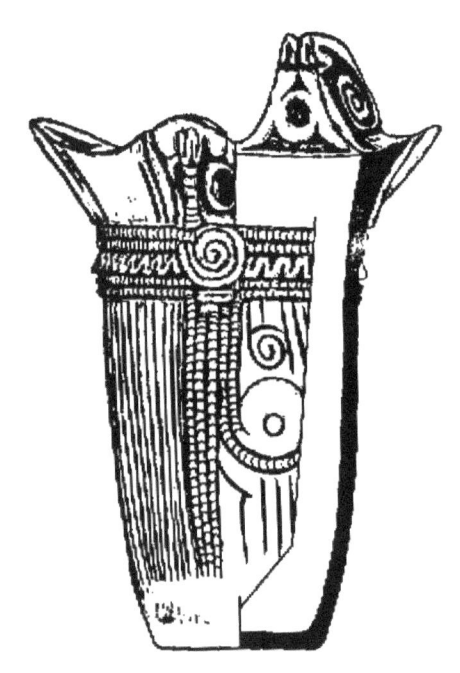

猪龍文深鉢（ちょりゅうもんふかばち）

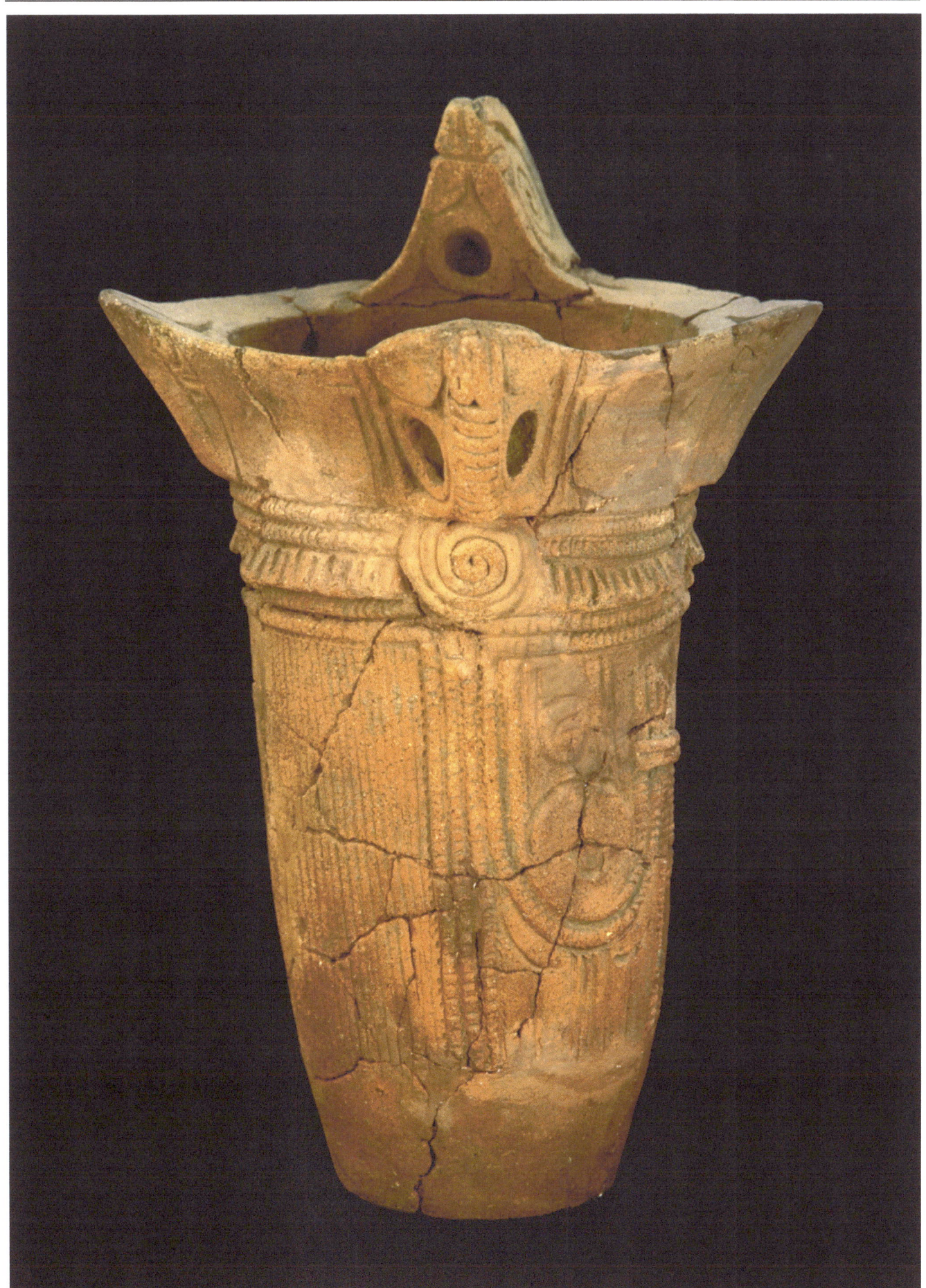

猪龍文深鉢（ちょりゅうもんふかばち）

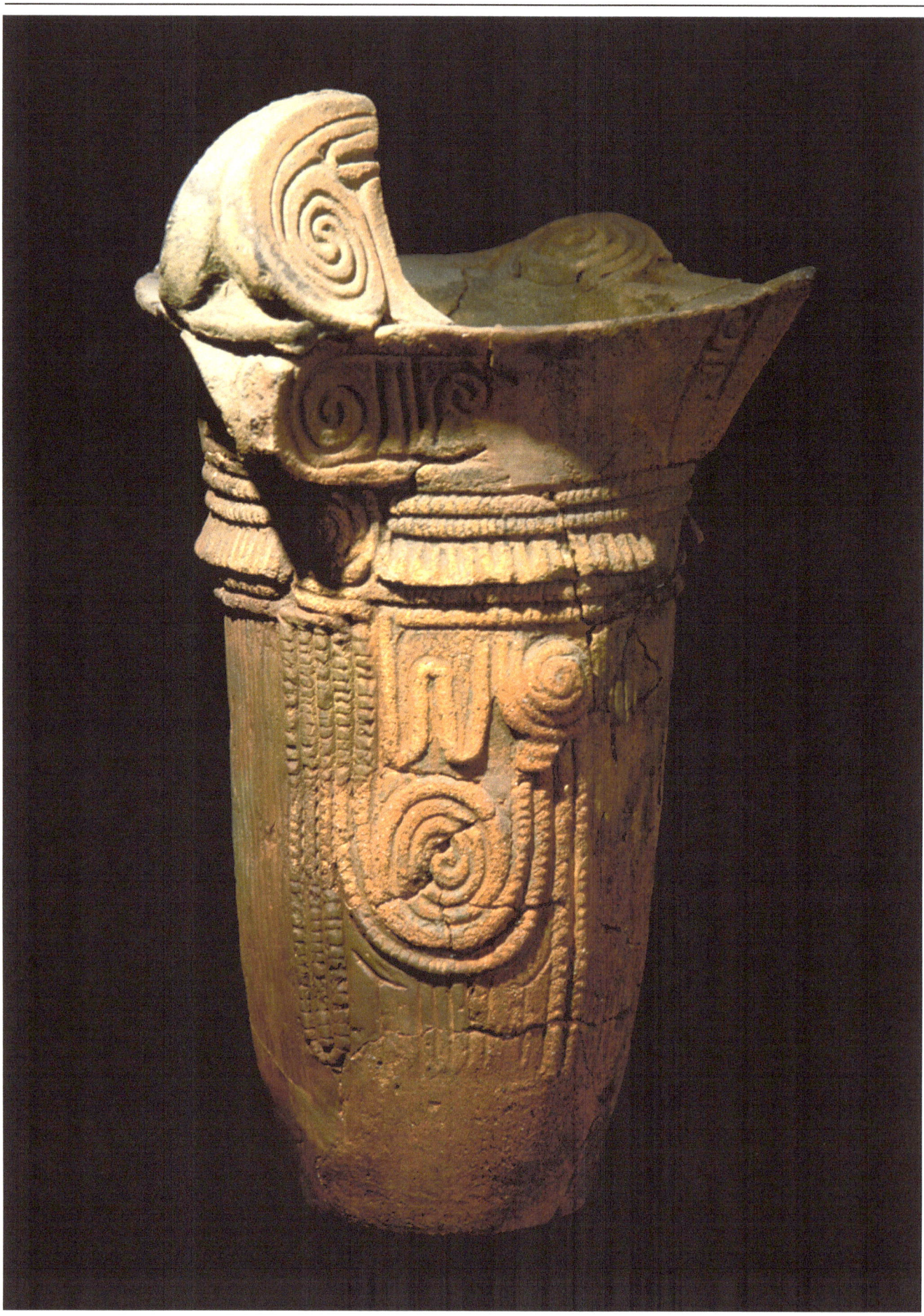

猪龍文深鉢（ちょりゅうもんふかばち）

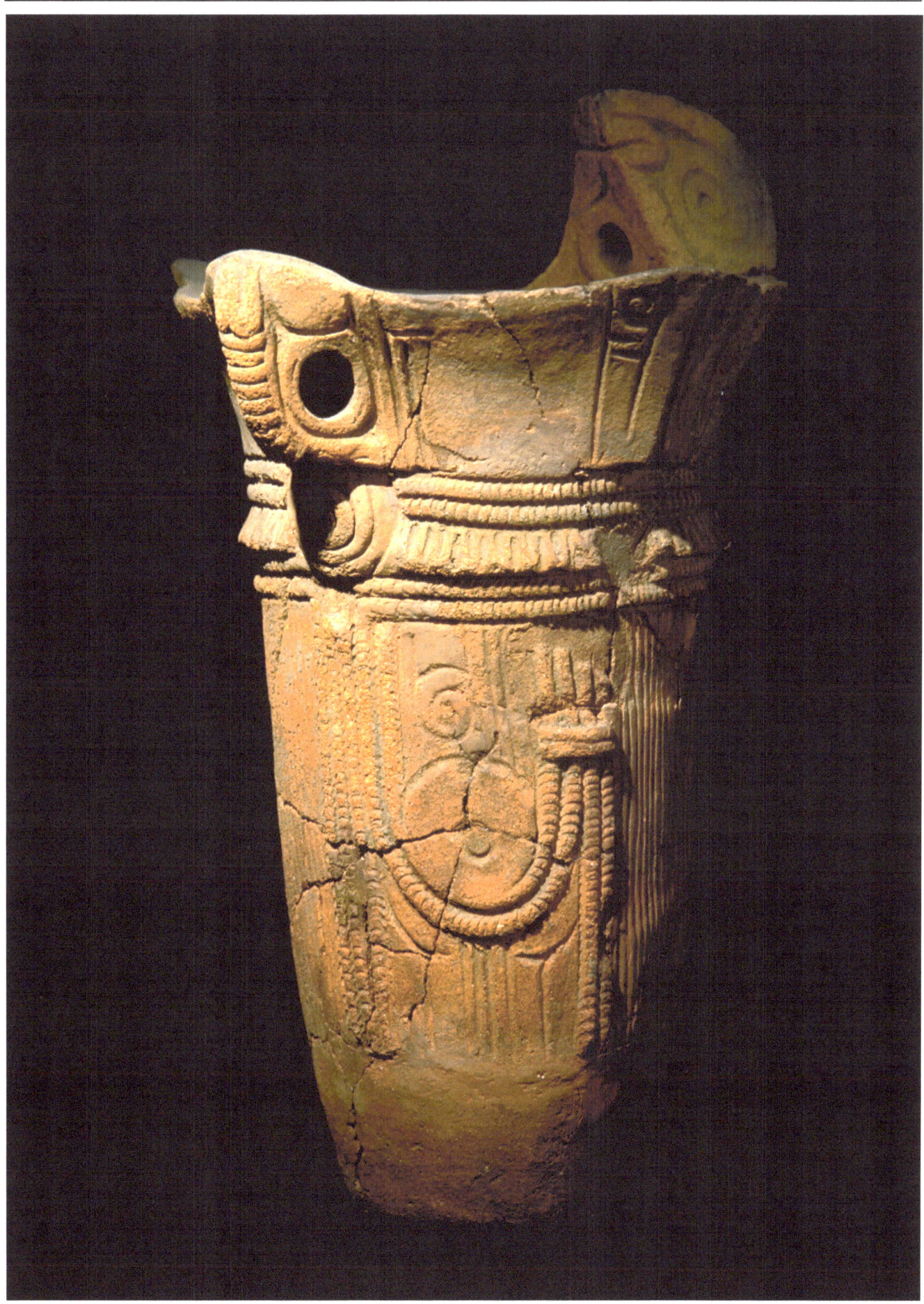

始祖女神像（しそめがみぞう）
坂上遺跡（さかうえいせき）
曽利Ⅱ式
坂上1号小竪穴
昭和49年（1974年）　発掘
縄文中期後葉
約4300年前
23cm(高さ)
唐渡宮-P44
ID-073

　1号小竪穴の上面から出土した土偶である。三つに割れた状態で発見され、右足がなかった。復元すると高さ23cm程の大きさで、土偶としては大形の部類に属し可成り重い。

　頭部はハート形で彫りが浅く、口いがいの眉・目・鼻が極端に額近くまで上り、特に鼻は上向きで格好が悪い。

　胴体は相当に長く、いわゆる胴長であり、手は短くやや上げ気味で、深呼吸の状態である。正面では、胸の左右に形の良い乳房が置かれ、出臍の上下に正中線が引かれている。

　各地で発掘が盛んに行われ、土偶の出土例も少なくない。しかし、片足を欠くだけで、造形・文様ともに、これだけ整った例はあまりきかない。

（武藤雄六）

　顔を斜め上方に向けて両腕を大きく広げ、胸を張るようにのびやかに直立する土偶。右足と左腕の先端を欠くものの遺存度は高い。胴部および背面の文様は精緻で、北陸から東海、関東にかけて分布する、同様の文様を持つ土偶の中でも傑出した存在である。

　線刻された文様は細かく複雑である。下腹部には中期前葉から中葉の土偶に特徴的ないわゆる「対称弧刻文」のなごりが見られ、井戸尻文化の土偶の系譜を引くことがわかる。

　武藤雄六は報告書の中で、体側から前面に伸びる文様を「祭主と斎王による神前の儀式の状景」であると考察した。そのようなストーリーを想起させる細やかな文様は、土器文化の枠を越えて広がり、ひとつ後の土器型式にまで引き継がれてゆく。その意味でもこの土偶は、中期後葉の土偶のあり方の規範となっている。

　なおこの土偶は、「縄文時代中期後半の土偶造形の一端を知るうえで指標となる優品であり、その学術的価値には高いものがある」として平成27年9月、国の重要文化財に指定された。

（井戸尻考古館　小松隆史）

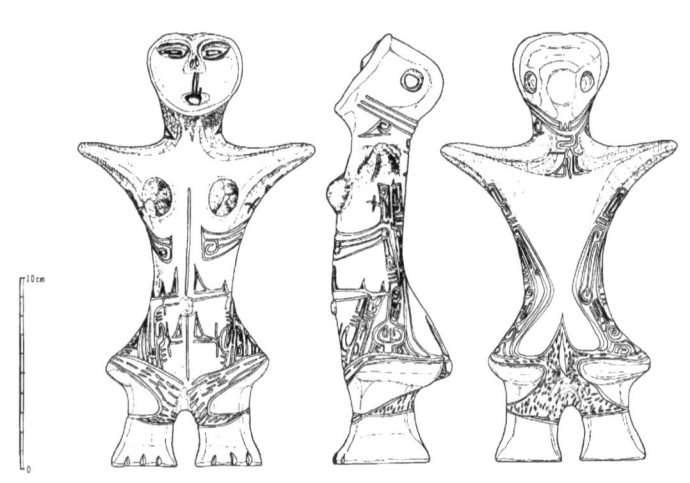

始祖女神像（しそめがみぞう）

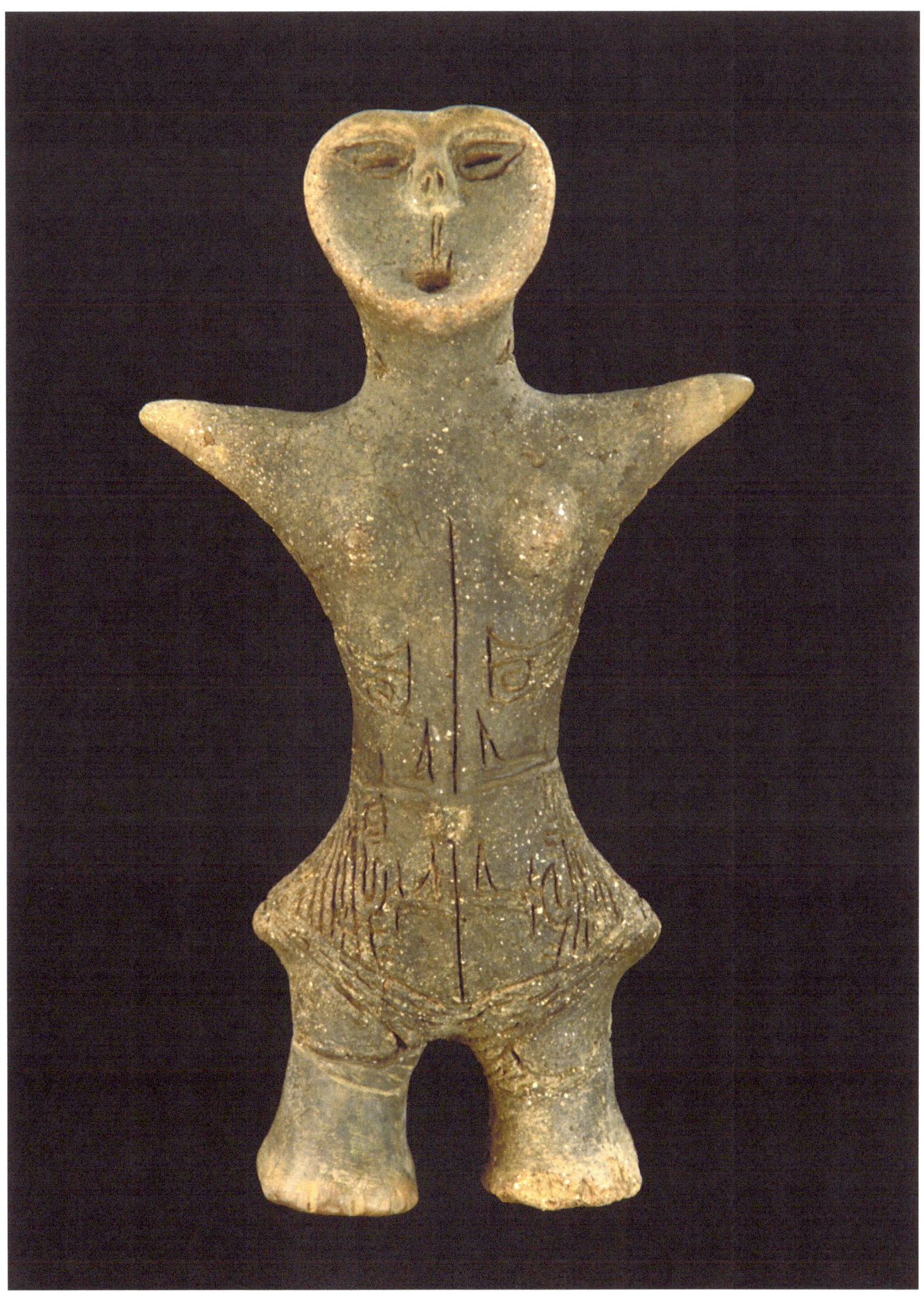

始祖女神像（しそめがみぞう）

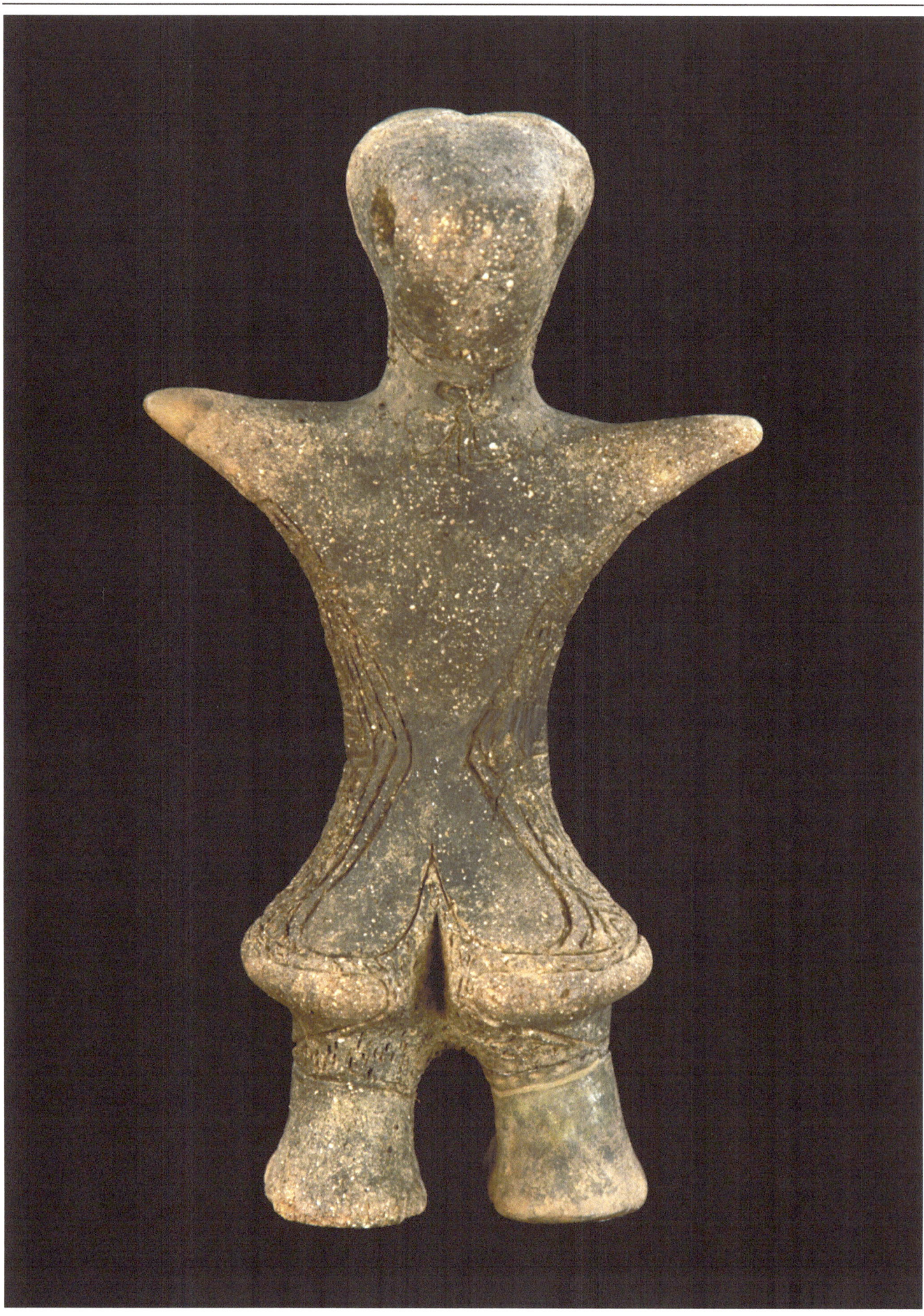

始祖女神像（しそめがみぞう）

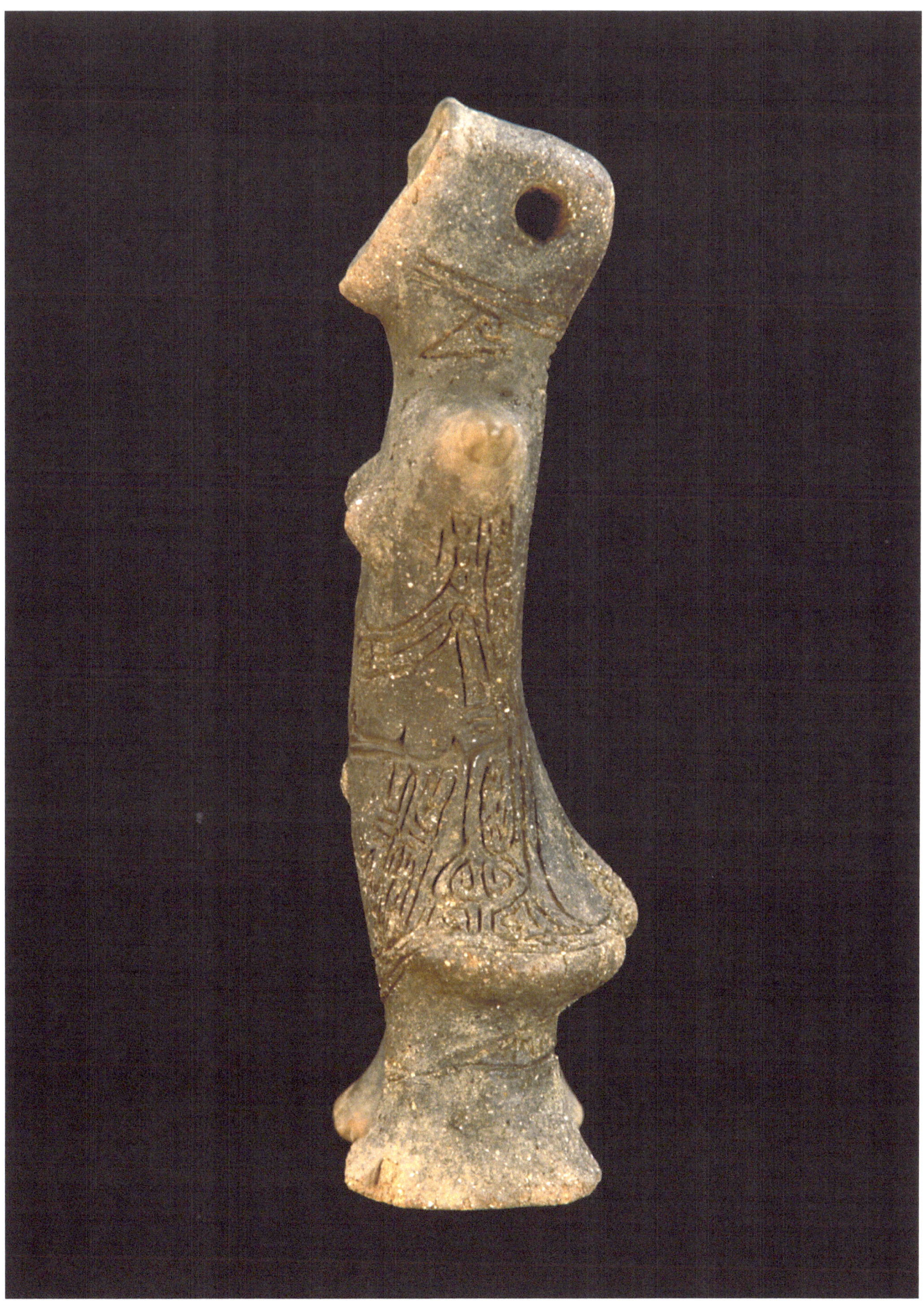

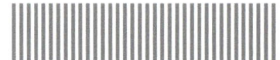 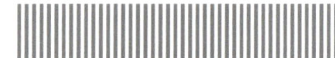

図録 井戸尻の縄文土器 全8巻

本図録は、長野県富士見町井戸尻考古館ならびに、以下、アマゾンのサイトからご購入いただけます。

モノクロ版　http://www.amazon.co.jp/
カラー版　　http://www.amazon.com/

　井戸尻考古館では、主として縄文土器・土偶に関し、かねてより発掘資料の画像データベース化を進めてきましたが、この度、一般向けに遺跡別の図録をオンデマンド出版のかたちで刊行することになりました。写真については画像データベース構築の際に撮影した多視点画像のうち、土器ごとに最小3点を選び、1ページに1点という方針で割り付けることに」しています。遺跡ならびに土器については、藤森栄一編「井戸尻」、富士見町教育委員会編「藤内」「曽利」「唐渡宮」など各遺跡の調査報告書を基に井戸尻考古館が解説を加えています。

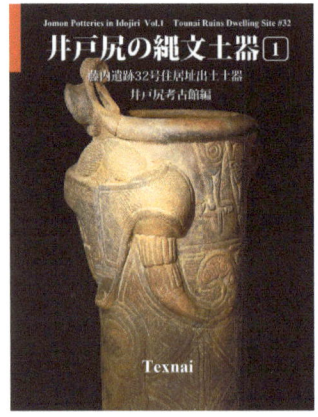 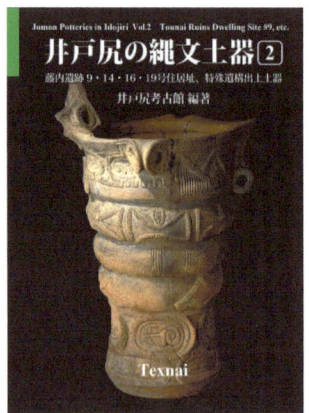 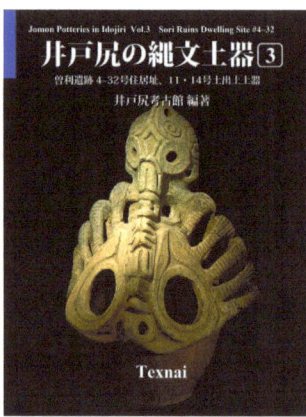 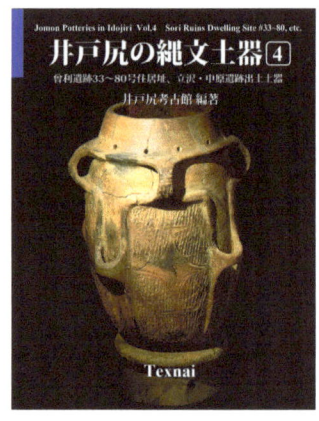

第1巻
藤内遺跡32号住居址出土土器
10点
レターサイズ　64ページ
既刊

第2巻
藤内遺跡9・14・16・19号
住居址・特殊遺構出土土器 15点
レターサイズ　76ページ
既刊

第3巻
曽利遺跡4・20・29・30・32号
住居址他出土土器 12点
レターサイズ　66ページ
既刊

第4巻
曽利遺跡33〜80号住居址、立沢・大畑・坂上遺跡出土土器 13点
レターサイズ　68ページ
既刊

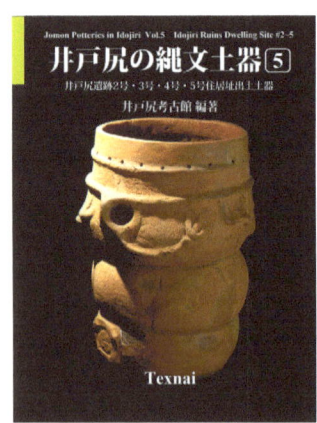 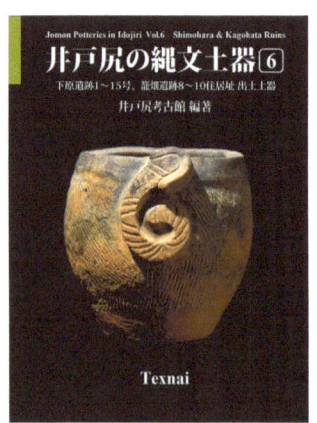 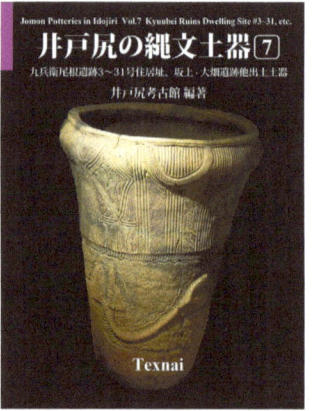 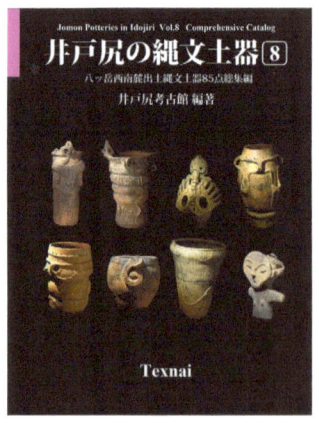

第5巻
井戸尻遺跡2号〜4号住居址；
5号小竪穴出土土器 11点
レターサイズ　64ページ
近刊

第6巻
下原遺跡1〜15号住居址、籠畑・遺跡出土土器 12点
レターサイズ　68ページ
近刊

第7巻
九兵衛尾根遺跡2〜15号住居址、岩久保・中原遺跡出土土器
12点
レターサイズ　64ページ
近刊

第8巻
井戸尻の縄文土器　総集編 85点
レターサイズ　448ページ
近刊

※ 近刊のページ数、内容・掲載土器点数は予告なく変更される場合があります。

編著：長野県富士見町井戸尻考古館　　発行元：株式会社テクネ　東京都渋谷区宇田川町2－1　Tel: 03-3464-6927　　info@texnai.co.jp

www.ingramcontent.com/pod-product-compliance
Lightning Source LLC
Chambersburg PA
CBHW041931240526

45473CB00034B/884